**나는 오늘도
비트코인을 산다**

일러두기
1장은 최동녘, 2장은 강승구가 집필하고 3장과 4장은 같이 집필했다.

나는 오늘도 비트코인을 산다

타이밍과 차트에 상관없이
수익을 높이는
비트코인 투자법

강승구·최동녘 지음

유노
북스

추천사 1

오늘도 비트코인의 가치는 상승하고 있다

이래학

경제·금융 플랫폼 사이다경제의 대표 리더이자 최고 콘텐츠 책임자
유튜브 달란트투자 운영

달러가 패권을 잃은 날.

역사는 2025년 4월 9일을 이렇게 기억할 것이다. 도널드 트럼프 대통령이 상호 관세로 전 세계를 위협하자 전혀 예상치 못한 일이 벌어졌다. 미국채 투매 현상이 일어나자 채권 이자율 급등을 참을 수 없었던 트럼프는 결국 90일 상호 관세 유예를 발표했다. 천하의 스트롱 맨이 고작 상호 관세 선언 7일 만에 백기를 든 것이다. 이후 알려진 사실은 또 한 번 충격을 줬다. 미국채 투매가 중국이 아닌 미국의 최우방국인 일본에서 진행된 것이다. 간과 쓸개라도 빼 줄 것 같았던 어제의 동맹 사이가 지정학 시대를 맞아 틀어지게 됐다.

중국의 개혁 개방을 시작으로 40여 년간 지속됐던 세계화 시대는 코로나19를 기점으로 완전히 막을 내렸다. 글로벌 공급망의 혼란 속에서 서방 국가들은 신흥국에 맡겼던 제조 시설을 자국으로 다시 불러들이기 시작했다. 또한 러·우전쟁 발발로 서방과 반서방 블록의

경계가 명확해졌다. 급기야 트럼프 2.0 시대가 열리며 기존의 동맹 관계마저 흔들리는 상황에 놓였다. 탈세계화, 각자 도생의 시대가 열린 것이다.

이런 상황에서는 돈이 많이 풀릴 수밖에 없다. 무역의 장벽이 생기고, 각자 필수 생산 시설을 갖춰야 하며, 안보 비용도 증가하기 때문이다. 미국에서 통과된 BBB 법안 역시 미국의 천문학적인 재정 부담을 예고하고 있다. 지금 우리는 국가별 법정 화폐 발행이 남용되는 시대에 살아가고 있는 것이다.

우리의 대안은 바로 국가의 통제에서 벗어난 자산이다. 또한 지정학 시대에서 장소에 구애받지 않는 자산이라면 더욱 금상첨화다. 그리고 비트코인은 이런 모든 속성을 갖고 있는 유일한 자산이자 화폐다. 아직도 결제 수단으로써의 한계점, 불분명한 내재 가치를 언급하는 고리타분한 경제학자들의 말에 귀 기울일 것인가? 비트코인은 이제 하나의 투자 수단을 넘어 지정학 시대를 대표하는 현상으로 자리매김했다. 미래에는 비트코인을 이해하는 자와 그렇지 못한 자의 삶이 극명하게 나뉠 것이다. 전자에 속하고 싶다면 이 책을 꼭 읽어보라.

《나는 오늘도 비트코인을 산다》는 온체인 데이터를 활용한 과학적인 투자 방법론을 제시한다. 이미 오래전에 비트코인을 접했지만 번번이 투자에 실패했다면 이 책을 통해 올바른 투자관을 세우길 바란다.

추천사 2

매달, 매주, 매일 비트코인을 사라

봉현이형

평범한 월급쟁이에서 경제적 여유를 이룬 봉천동의 현인
《나는 월급날, 비트코인을 산다!》 저자

신입 사원 연수를 마치고 부서를 배치받은 뒤 6개월 정도 지났을 때 나는 문득 이런 생각이 들었다.

"나는 이제 어떻게 살아야 할까?"

안정적인 대기업에 입사한 덕분에 승진은 그리 어려워 보이지 않았다. 월급을 잘 모으고, 결혼을 하고, 아이를 낳는 그런 '대한민국 스탠다드'의 삶을 살기만 하면 된다는 이야기를 듣고는 했다.

"1억 원까지는 악착같이 적금 들고 이후에 지방 아파트부터 등기 쳐서 천천히 서울로 들어오면 돼. 지금은 걱정하지 말고 회사 일에만 집중해."

하지만 한 가지 의문이 들었다. 남들이 부자가 된 방법을 그대로 따라 하면 나처럼 아무것도 가진 것 없는 청년도 똑같이 부자가 될 수 있는 걸까? 고민은 끝없이 계속됐고 나는 테마주와 알트코인을 거쳐 비트코인에 눈을 돌리게 됐다.

내가 내린 결론은 이렇다.

"수요가 지속되고 공급이 제한적인 자산의 가치는 상승한다."

나는 그렇게 간결한 투자 원칙에 맞는 자산을 월급날마다 꾸준히 매수했다. 한 달, 두 달, 1년, 2년, 3년, 5년…. 여러 차례의 폭락과 함께 조롱도 견뎌야 했다. 그럼에도 나는 이 자산이 우리가 살아가는 갈등과 분열의 시대, 가치관이 파편화된 세상에서 더 많은 사람들에게 수요가 지속될 것이라 확신했다. 공부와 적립식 투자를 통해 비트코인이 바로 '유한한 자산'이라는 것을 체감했기 때문이다.

투자로 부자가 되는 방법은 사실 간단하다. 좋은 자산을 가격이 낮을 때 많이, 꾸준히 사고 팔지 않는 것이다. 《나는 오늘도 비트코인을 산다》를 통해 2025년 오늘 비트코인을 새로 접한 사람들이 앞선 투자자들의 경험과 고민을 단숨에 배워, 늦지 않게 이 새로운 흐름에 합류하길 바란다.

비트코인은 새로운 시대의 신호탄이다. 나는 월급날 비트코인을 샀고, 그래서 나는 오늘도 비트코인을 산다.

추천사 3

나는 비트코인으로 인생 사는 법을 배웠다

아토믹

한국에 비트코인을 알리고 있는 비트코인 맥시멀리스트
《비트코인 디플로마》 한국 번역 기여자

비트코인을 처음 샀던 이유는 단순히 돈을 벌기 위해서였습니다. 그때는 이것이 그저 신기한 투자 수단이라고만 생각했습니다. 그러나 시간이 흐르며 저는 점점 비트코인을 '세상을 바꾸는 희망'으로 보게 됐습니다.

더 나은 경제 시스템, 더 투명한 세상, 더 자율적인 개인의 삶. 그렇게 비트코인은 제 삶의 중심으로 들어왔고 9년이 지난 지금도 저는 여전히 비트코인을 사고 있습니다. 이 책의 제목처럼 오늘도 샀습니다.

《나는 오늘도 비트코인을 산다》는 단순한 재테크 책이 아닙니다. 마치 오랜 비트코이너 친구가 옆에서 조용히 이야기를 들려주는 듯한 책입니다. 특히 "비트코이너와 가까이 지내라"는 문장은 제가 지난 시간 동안 몸소 느낀 진리입니다. 서로를 이해하고 함께 고민하며 성장할 수 있는 커뮤니티는 제가 흔들릴 때마다 다시 중심을 잡아 주는 힘이 됐습니다.

저는 이 추천사를 통해 이 말을 꼭 전하고 싶습니다.

시간 선호도를 낮추십시오. 눈앞의 작은 이익에 조급해하지 않고 긴 호흡으로 미래를 바라보십시오. 이것이야말로 제가 비트코인을 통해 배운 가장 큰 교훈입니다. 묵묵히 매수하며 차분히 시간을 쌓아가는 과정은 삶의 리듬을 바꿔 줍니다.

또한 비트코인을 꾸준히 사다 보면 자연스럽게 가족에게 더 신경 쓰게 되고 나 자신을 둘러보게 될 것입니다. 처음에는 나를 위해 시작한 일이지만 어느 순간 삶의 우선순위가 바뀌기 시작합니다. 그래서 저는 비트코인이 나를 바꾸고, 가족을 바꾸고, 삶의 방향을 바꾼다고 생각합니다. 비트코인을 매수하고 가족과 함께 행복하게 지내면 됩니다. 그런 단순하지만 강력한 삶의 리듬이 저를 지금까지 이끌었습니다.

저는 오늘도 비트코인을 샀습니다. 그리고 아마 내일도 살 것입니다. 이 책은 그 단순한 행위 속에 담긴 깊은 의미를 함께 나누는 동반자가 될 것입니다.

저자의 말

―

절대 실패하지 않는
비트코인 투자법은 있다

만화 《슬램덩크》에는 이런 장면이 나온다. 북산고가 전국 최강 산왕공고와의 경기를 앞두고 긴장감이 흐를 때 감독 안 선생은 조용히 이렇게 말한다.

"승부에 절대란 없다."

나는 그 대사를 오래도록 삶에 새겼다. 중요한 선택의 순간마다, 운동 경기의 승부를 앞둔 것처럼 마음을 다잡아야 할 때마다 그 대사를 머리에 떠올렸다. 그리고 전투에 임하듯 다시 시작했다.

내가 비트코인을 처음 접한 건 2017년이었다. 당시에는 크립토,

가상 자산, 암호 화폐, 디지털 자산 등 어떻게 불러야 할지 감도 못 잡는 수준이었다. 그러던 어느 날 당시 재직 중이던 이랜드 선배이자 지금은 '비트코인 적립식 투자 솔루션, 비트세이빙'을 운영하는, 업루트컴퍼니를 공동 창업한 이장우 대표가 블록체인, 비트코인, 이더리움에 대한 이야기를 퇴사자 독서 모임에서 꺼냈다.

나는 왜 비트코인을 샀나?

그는 새로운 산업과 시장을 발견했다며 잘 다니던 이랜드를 나와 블록체인 교육 회사, 블록체인 아카데미를 운영한다고 했다. '이 사람 정신이 좀 이상해졌나?' 하는 생각이 들면서도 무엇이 그를 도전하게 만들었는지, 그 산업은 대체 어떤 것인지 알고 싶어졌다.

당시 한국의 암호 화폐 시장은 혼란 그 자체였다. 개판이었다. ICO 열풍이 불자 매출이나 수익을 내는 BM(Business Model)이 없어도, 실생활에서 가치를 창출하지 않아도, 스타트업에서 얘기하는 PMF(Product Market Fit)가 검증되지 않아도, 새로운 기술을 활용한다는 장밋빛 미래를 그린 백서(암호 화폐 프로젝트의 비전, 목표, 기술 구조, 토큰 이코노미, 로드맵 등을 설명해 투자자, 개발자, 커뮤니티 등을 대상으로 신뢰를 전달하는 문서)만 있으면, 팀이 뭔가 있어 보이면, 해외 특히 미국과 유럽에서 만들어졌다고 하면 너도나도 앞다퉈 투자에 뛰어들었다.

또한 그런 코인들은 거래소에 상장하기만 하면 몇 배, 몇십 배로 가격이 치솟았다. 그렇게 코인 부자들이 우후죽순 생겨났다. 나 역시 그런 코인에 투자를 해 본 적이 있다. 이익도 보고 손실도 봤다. 그리고 그 시장에 환멸을 느껴 떠나게 됐다.

시장은 떠났지만 무슨 미련이 남았던 걸까? '그래도 이 시장에 진짜 제대로 된 돈이 하나쯤은 있을 텐데' 하는 생각이 들었다. 그게 무엇인지 알고 싶었다. 그래서 공부를 시작했다.

비트코인 백서라고 할 수 있는 논문 〈Bitcoin: A Peer-to-Peer Electronic Cash System〉을 여러 번 정독했고, 팔레스타인 경제학 교수 사이페딘 아모스의 《달러는 왜 비트코인을 싫어하는가》를 읽었고, 비트코인과 관련된 외서와 해외 콘텐츠들을 찾아봤다.

특히 린 알덴이 2020년 7월 작성한 '3 Reasons I'm Investing in Bitcoin'이라는 글에서 큰 영감을 받았다. 해당 글은 스트래티지(전 마이크로스트래티지) 회장 마이클 세일러가 비트코인 전략 보유를 위해 이사회를 설득할 때 참고 자료로 활용되기도 했다. 그렇게 비트코인을 공부할수록 내가 비트코인을 전혀 모르고 있었다는 사실을 알게 됐다.

전 세계에서 가장 많은 비트코인을 들고 있는 회사 스트래티지의 세일러 회장도 처음에는 비트코인에 비판적이었다. 하지만 그는 비트코인을 이해하고 나서 '비트코인에 대한 21가지 규칙(21 Rules of

Bitcoin)'이라는 글을 썼다. 규칙 1번은 다음과 같았다.

"비트코인을 이해한 사람은 비트코인을 산다."

그렇게 나는 비트코인을 이해했고, 샀다.

가격이 어떻게 될지는 누구도 모른다
하지만 좋은지 아닌지는 당신만 모른다

승부에 '절대'란 말은 없다고 하지만 비트코인 투자에는 '절대'가 있다. 우리는 단기적인 가격, 오늘과 내일의 가격을 맞출 수 없다. 하지만 장기적으로 오르는 자산을 선별하고 올바른 방법으로 오랫동안 투자할 수는 있다. 우리가 선별해 낸 단 하나의 자산, 화폐와 동시에 자산이라고 부를 수 있는 디지털 자산, 바로 비트코인이다.

나는 4년 동안 업루트컴퍼니와 비트코인 적립식 투자 설루션 비트세이빙을 운영하며 많은 사람을 만났다. 회사는 거래소를 제외하고 한국에서 가장 많은 암호 화폐 투자 고객을 보유하고 있다. 약 1만 명이 서비스를 이용하고 있다. 비트코인을 투자하겠다며 거래소에 가입해 알트코인에 전 재산을 쏟아부은 뒤 "부대표님, 저 이제 어떡하죠?"라며 불안에 떠는 사람도 만났고, 비트코인의 미래가 궁금하다며 악착같이 모은 비트코인 1개를 절대 팔지 않겠다던 60대 여성

분도 만났다.

난 이 책에서 절대 실패하지 않는, 반드시 승리하는 투자법을 소개하려 한다.

그렇다고 수익률이 낮을까? 절대 그렇지 않다. 이 방법은 검증된 최고의 투자법이다. 여러분이 이 투자법을 효율적으로 실행할 수 있도록 '비트세이빙 1개월 체험권'을 초판 한정으로 수록했다. 책의 부록에서 이 내용을 보다 자세히 설명하겠다.

비트코인을 공부하고 투자하며 반드시 걸러야 하는 사람들이 있다. 바로 비트코인 투자가 '이미 늦었다'고 하는 사람들이다. 앞에서는 알았다고 고개를 끄덕인 뒤 뒤에서는 당당하게 무시해라. 그들은 당신의 인생에 전혀 도움이 되지 않는다.

과거와 현재의 부자들이 주로 토지, 건물, 주식에 집중했다면 미래의 부자들은 비트코인에 집중해야 부를 축적할 수 있다. 당신이 지금 부자가 아니라면, 미래의 부자가 되고 싶다면 비트코인에 집중하라. 다른 뾰족한 방법이 없다.

비트코인 가격은 항상 틀리게 예측하지만 비트코인에 대한 말을 멈추지 않는《부자 아빠 가난한 아빠》의 저자 로버트 기요사키는 말했다.

"부자는 돈의 게임을 이해한다."

비트코인은 부자가 되기 위한 돈의 게임에서 '게임 체인저' 역할을 할 핵심 자산이다. 게임은 이미 시작됐다. 게임에서 절대 지지 않는 룰을 이 책에서 배우고 함께하기를 바란다. 룰을 아는 사람은 오늘도 비트코인을 산다. 조용히 그러나 묵묵하게 비트코인을 모은다.

업루트컴퍼니 공동 창업자, 부대표 강승구

저자의 말

—

비트코인,
그 거대한 전환의 서막에서

우리는 지금 돈의 정의가 근본적으로 재편되는 역사적 변곡점 위에 서 있다. 마치 지각판이 충돌하듯 세 가지 거대한 흐름이 한 지점에서 만나 미래의 금융 지형을 바꾸고 있다. 첫째는 지정학적 질서의 재편, 둘째는 전례 없는 규모의 국가 부채 위기, 그리고 셋째는 가치를 전달하는 방식의 기술 혁명이다. 세 가지 흐름은 비트코인이라는 거부할 수 없는 변화를 세상에 불어넣고 있다.

한때 비트코인은 소수의 기술 애호가나 위험을 감수하는 투기꾼들의 전유물로 여겨졌다. 언론은 그 변동성을 떠들썩하게 보도했고, 규제 당국은 의심의 눈초리를 거두지 않았으며, 전통 금융의 거물들은 애써 그 가치를 폄하했다. 그러나 이제 시대가 변했다. 비트코인을 매수하고 보유하는 결정은 더 이상 맹목적인 신념이 아니다. 오히려 우리 눈앞에서 명백하게 드러나고 있는 기존 금융 시스템의 구조적 실패에 대한 가장 합리적이고 전략적인 대응 방법이다.

오늘의 안정을 뒤로하고
내일의 불안을 해소하기 위해

《나는 오늘도 비트코인을 산다》는 바로 이 거대한 전환의 본질을 파헤치기 위한 기록이다. 이 책을 통해 당신의 돈이 어떻게 보이지 않는 '거대한 쳇바퀴' 안에서 그 가치를 잃어 가고 있는지, 그리고 왜 눈앞의 안정을 뒤로하고 시스템 너머의 세상을 봐야 하는지를 말하고자 한다. 이는 당신이 평생 모은 부를 지키고 다가오는 새로운 시대의 기회를 잡기 위해 반드시 이해해야 하는 문제와 직결한다.

우리는 먼저 지난 15년이 넘는 시간 동안 비트코인이 수많은 위기와 공격에서 어떻게 끈질기게 살아남았는지, 그 본질적인 힘을 이해해야 한다. 비트코인의 논리가 어떤 상황에서도 왜 단단하게 유지되는지, 그리고 2,100만 개라는 절대적인 희소성이 무한정 화폐를 찍어 내는 세상에서 어떤 의미를 갖는지 이해하는 것이 비트코인 투자의 첫걸음이다.

세계 초강대국 미국도 비트코인에 대한 정책을 180도 전환해 이를 미래를 위한 전략 자산으로 삼고 있다. 트럼프 2.0 행정부가 미국을 '세계 암호 화폐의 수도'로 만들겠다고 공언하며, 적대적 규제 시대를 끝내고 산업 친화적인 환경을 조성하는 모습은 비트코인의 가장 큰 실존적 위협이 사라졌음을 의미한다. 특히 미국 정부가 범죄 수익으로 몰수한 비트코인을 기반으로 '전략적 비트코인 비축분(Strategic Bitcoin Reserve)'을 설립하기로 한 결정은 비트코인을 단순한 금융 자산에서 국가 안보 자산의 반열로 올려놓은 역사적인 사건이다. 이는 다른 국가들에게 비트코인 보유를 강요하는 '국가 수준의 FOMO(Fear Of Missing Out)'를 유발하며 전 지구적인 축적 경쟁의 서막을 열었다.

  동시에 월가의 거대한 자본도 비트코인으로 밀려 들어오고 있다. 블랙록과 피델리티 같은 금융 거인들이 출시한 비트코인 현물 ETF는 역사상 가장 성공적인 금융 상품으로 기록되며 기관과 개인 투자자들의 자금이 비트코인으로 흘러 들어올 수 있는 합법적이고 안전한 다리가 됐다. 이 ETF들은 시장에서 유통되는 비트코인을 지속적으로 흡수하는 거대한 '수요 흡수원' 역할을 하며 비트코인의 고정된 공급량과 맞물려 구조적인 가격 상승 압력을 만들고 있다. 한때 비트코인을 맹비난했던 블랙록의 CEO 래리 핑크마저 이제 비트코인을 '디지털 금'이라 칭하며 그 가치를 인정하고 있다.

  그러나 변화는 결코 우연이 아니다. 36조 달러를 넘어선 미국의 국가 부채와 연간 1조 달러에 달하는 이자 비용은 달러 시스템의 지속 불가능성을 명백히 보여 준다. 정부가 빚을 갚기 위해 더 많은 돈을 찍어 내는 재정 위기에서 가치 하락이 예견된 통화로부터 자산을 지키려는 움직임은 필연적이다. 전 세계 중앙은행들이 외환 보유고에서 달러 비중을 줄이고 기록적인 속도로 금을 사들이는 탈달러화 현상이 이런 흐름을 증명한다. 그리고 우리는 앞으로 함께 나눌 이야기를 통해 비트코인이 금을 능가하는 우월한 기술이며 필연적으로 그 자리를 계승할 수밖에 없는 이유를 확인할 것이다.

지금 비트코인이 없다면 미래가 없는 것이다

이 책을 덮을 때쯤, 당신은 더 이상 "왜 비트코인을 사야 하는가?"라고 묻지 않게 될 것이다. 대신 "과연 비트코인을 사지 않고 이 시대를 버텨 낼 수 있을까?"라고 자문하게 될 것이다. 비트코인을 외면하는 것은 우리 시대 가장 중요한 화폐 혁명을 외면하는 것이며 명백히 균열이 생기고 있는 낡은 시스템에 당신의 모든 것을 거는 위험한 도박이다.

비트코인을 사는 것은 투자 이상의 선언이다. 그것은 부패할 수 없는 수학의 원칙 위에 세워진 새로운 금융 세계에 참여하겠다는 선택이자 중앙화된 권력으로부터 개인의 부를 지키겠다는 의지의 표명이다. 그래서 나는 어제 비트코인을 샀고, 오늘 비트코인을 사며, 내일도 비트코인을 산다. 단단한 확신 아래, 나의 미래를 함께할 단 하나의 자산과 동행한다. 이제 그 여정의 첫발을 디뎌 보자.

블록미디어 CSO 최동녘

| 목차 |

추천사 1	오늘도 비트코인의 가치는 상승하고 있다	• 004
추천사 2	매달, 매주, 매일 비트코인을 사라	• 006
추천사 3	나는 비트코인으로 인생 사는 법을 배웠다	• 008
저자의 말	절대 실패하지 않는 비트코인 투자법은 있다	• 010
저자의 말	비트코인, 그 거대한 전환의 서막에서	• 016

1장 | 비트코인, 왜 오늘 사야 할까?

본질, 흐름, 구조로 읽는 비트코인의 세계

01	평범한 개인이 살아남기 위한 유일한 수단, 비트코인	• 027
02	왜 아직도 비트코인을 갖고 있지 않은가?	• 032
03	당신의 돈은 거대한 쳇바퀴 안을 돌고 있다	• 037
04	눈앞의 안정을 뒤로하고 시스템 너머의 세상을 보라	• 042
05	기술이 새로운 패러다임을 제시할 때 당신은 어떤 흐름에 올라탈 것인가	• 047
06	비트코인에 인플레이션은 없다	• 051
07	진정한 투자는 구조를 이해하는 것이다	• 057
08	투자를 시작하기 전에 시장의 흐름을 읽어야 한다	• 062
09	불안한 법정 화폐를 안전한 자산으로 전환하라	• 067

10	누구도 절대적인 타이밍을 확신할 수 없다	• 071
11	비트코인을 보유한다는 것은 돈을 버는 것 이상의 일이다	• 076
12	오르내림에 눈을 뺏기면 방향을 잃는다	• 080
13	비트코인을 사기 전 반드시 답해야 할 질문들	• 084

2장 비트코인은 언제, 얼마나 사야 효과적일까?

거치식, 적립식, 온체인 데이터를 활용한 비트코인 투자의 모든 것

14	비트코인을 믿지 않던 사람도 비트코인을 사고 있다	• 091
15	거치식 투자, 가치를 읽었다면 목돈으로 매수하라	• 098
16	거치식 투자, 언제부터 언제까지 투자할 것인가	• 103
17	디지털 금보다 중요한 금, 시간의 힘	• 107
18	적립식 투자, 상승과 하락을 이용한 현명한 투자법	• 111
19	비트코인 투자에 관심이 생겼다면 즉시 시작하라	• 115
20	적립식 투자, 거장들에게 배워라	• 120
21	온체인 데이터로 시장의 공포와 탐욕을 읽어라	• 126
22	적립식 투자, AI와 온체인 데이터를 활용하라	• 133
23	거치식+적립식 투자, 사이클 투자를 이기는 방법	• 137

3장 | 비트코인은 어떤 마인드로 사야 할까?

투자 철학에서 인생의 태도까지, 비트코인이 바꾸는 삶의 방향

24 비트코인 투자는 외로운 여정이다 · 145
25 비트코인은 누구에게나 공평한 기회를 준다 · 149
26 비트코인은 지피지기 백전불태다 · 155
27 비트코인은 공부가 필요한 자산이다 · 160
28 알트코이너를 멀리하고 비트코이너와 가까워져라 · 164
29 비트코인 투자 가치관을 가족과 공유하라 · 169
30 비트코인에 투자했다면 이제 당신의 삶을 살아라 · 175
31 비트코인은 시간이 굴리는 자산이다 · 181
32 비트코인을 선택하면 결국 보답받게 된다 · 186
33 선택은 항상 당신의 몫이다 · 190
34 소비자에서 빌더로, 건강한 프리미엄을 향해 · 195

4장 비트코인이 바꾸는 내일은 어떤 모습일까?

정책 전환, 글로벌 경쟁, 제도권 편입이 부르는 비트코인의 황금기

35	양날의 검 K-프리미엄, 기회인가 경고인가	• 203
36	규제를 넘어 전략으로, 한국의 비트코인 채택 로드맵	• 212
37	이제는 제도권 안으로 들어올 시간이다	• 216
38	트럼프 2.0 시대, 비트코인에 생긴 나침반	• 222
39	미국과 트럼프는 비트코인에 미래를 베팅했다	• 226
40	미국의 암호 화폐 정책 대전환이 글로벌 금융 지형에 지핀 불씨	• 231
41	현물 ETF 승인으로 본격적인 상승 궤도에 오르다	• 236
42	부채 공화국 미국은 어떻게 비트코인을 선택했는가	• 241
43	세계의 금고는 달러를 줄이고 비트코인을 늘리고 있다	• 245
44	중국과 유럽은 이미 전쟁을 시작하고 있다	• 250
45	월가에 모습을 보이기 시작하는 비트코인	• 254
46	디지털 금으로의 부상은 필연이다	• 258

부록 스마트한 비트코인 적립식 투자법 비트세이빙 • 262

1장

비트코인, 왜 오늘 사야 할까?

본질, 흐름, 구조로 읽는
비트코인의 세계

평범한 개인이 살아남기 위한 유일한 수단, 비트코인

경제는 항상 변화한다. 전쟁, 인플레이션, 금융 위기, 기술 혁신 등 숱한 사건들은 세상의 부와 권력의 흐름을 끊임없이 재편했다. 시대를 주도하는 기업은 끊임없이 바뀌지만 그 중심에 기술과 금융 시스템이 있다는 사실만은 결코 변하지 않는다.

이 거대한 변화의 흐름에서 평범한 개인은 초조해지기 쉽다. 자신의 노동 가치가 언제 어떻게 평가 절하될지, 그 결과로 삶의 기반이 어떻게 흔들릴지 예측하기 어렵기 때문이다.

AI 발전은 일자리 불안을 불러온다. 이런 불안은 기존 금융 시스템의 한계와도 맞닿는다. 법정 화폐는 정부의 정책 및 중앙은행의 결정에 따라 통화량과 금리가 조정될 수 있고 이는 자산의 실질 가치를 바꾸는 수단으로 활용되기도 한다.

결국 우리는 정부와 중앙 기관이 만든, 아주 희소하지도 그렇다고 영원히 보존되지도 않는 화폐를 열심히 벌며 안정된 미래를 꿈꾼다. 그러나 과연 그런 미래가 올 수 있을까?

포탄이 날아다니는 어제를 지나 숫자로 전쟁하는 오늘이 왔다

세계는 치열한 경제 전쟁의 소용돌이에 있다. 사상 처음으로 전 인류가 하나의 금융 네트워크로 연결된 지금, 이 거대한 경제 게임의 승자와 패자는 기술과 자본이 좌우한다. 국경, 이념, 문화의 장벽이 기술과 글로벌 자본 앞에서 허물어지며 우리는 단일한 전장의 중심에 섰다.

역사가 시작된 그 순간부터 21세기에 이르기까지 부의 재분배는 끊임없이 반복됐다. 농업이 산업으로, 산업이 디지털로 전환되는 동안 권력과 자본은 한 손에서 다른 손으로 이동했다.

그 중심에는 항상 기술이 있었다. 애플, 구글, 테슬라 같은 기업들은 단순한 기업을 넘어 전 지구적 부의 흐름을 결정짓는 구조물로 성장했다. 이들은 노동의 대체물이 아니라 아예 노동을 무기력하게 만드는 혁신의 화신이다.

태초에 노동은 인간의 가치이자 생존의 방식이었다. 그러나 오늘날의 경제 질서에서 우리는 더는 노동만으로 부를 축적할 수 없다.

아무리 열심히 일해도 기술과 자산이 없다면 우리는 경제 체제의 하위 구조에 머물 수밖에 없다. 노력은 필수지만 모든 노력이 빛나는 결과를 보장해 주지는 못한다. 그렇다면 우리는 무엇을 해야 할까?

정답은 자산의 재구성에 있다. 과거에는 금과 토지가 자산의 핵심이었다. 오늘날에는 주식과 부동산이 그 자리를 대신한다. 그러나 이마저도 변화의 조짐이 뚜렷하다. 비트코인의 등장이 그 신호탄이다.

시가 총액 3,000조
비트코인은 이제 시작이다

2025년 7월, 비트코인의 시장 가치는 약 2조 달러가 됐다. 이는 알파벳(구글의 모회사)과 은의 시장 가치를 넘어선 수준이며 글로벌 자산 순위 5위에 달하는 규모다. 비트코인은 무시할 수 없는 자산이 됐다. 물론 금이나 전체 주식 시장에 비하면 아직 미미한 수치일 수 있다. 하지만 비트코인의 핵심 가치는 '모두의 신뢰를 받지 못한 자산'이라는 점에서 비롯된다. 오히려 모든 사람이 신뢰하지 않기에 여전히 기회가 무궁무진하다.

금은 수천 년간 절대적인 가치 저장 수단으로 기능했다. 그러나 물리적인 한계, 운반의 어려움, 세금 등은 금이 지닌 치명적인 약점이다. 반면 비트코인은 디지털 환경에 최적화된 자산이다. 희소성, 분산성, 투명성, 변조 불가능한 기록 시스템은 기존 자산이 갖지 못한 속성이다. 단지 투자 수단이 아니라 새로운 금융 질서를 제시하는 기술이다.

기술의 발전은 효율성을 높이는 데 그치지 않는다. 플랫폼, 반도체, AI로 이어지는 혁신의 흐름은 정부의 재정 정책, 통화 정책과 결합하며 자산 시장을 재편하고 있다. 우리는 이제 '돈이 돈을 버는 구조'에서 살아가고 있으며 이 구조는 특정 소수에게만 유리한 규칙을 갖고 있다.

달러는 금 본위제에서 해방되며 무제한 발행이 가능해졌다. 이에 따라 지난 세기 동안 금 대비 가치를 99% 상실했고, S&P500 지수 대비 가치를 99.8% 잃었다. 가장 강력한 기축 통화조차 이런 상황이라면 원화는 더 말할 필요도 없다. 한국 국민은 매년 실질 구매력이 감소하는 인플레이션을 체감하며 살아간다. 1970년에 100원이던 짜장면 가격은 2023년에는 7,000원을 넘겼다.

아르헨티나의 사례는 이를 더욱 극명하게 보여 준다. 페소는 20년간 달러 대비 가치 0.2%를 남기고 사라졌다. 당신이 아르헨티나 시민이라면 과거에 아무리 성실히 일하고 차곡차곡 저축했어도 현재는 기대했던 부의 한 톨조차도 갖지 못할 수 있다는 뜻이다. 이런 현실은 환율 문제가 아니라 '자산 보존'의 문제이며 부의 재분배 전쟁에서 패자가 겪을 잔인하고 무책임한 현실을 여실히 드러낸다.

정부는 화폐를 발행하며 의도적으로 물가를 조정하고 자산의 가치를 변화시킨다. 그러나 국민 대다수는 이런 대대적인 변화에 대응할 자산 방어 수단이 없다.

해결책은 명확하다. '희소성이 있으며, 수요가 높고, 휴대 가능하며, 내구성과 관리성이 뛰어난 자산'을 보유하는 것이다. 강남 아파트는 희소하나 유동성이 낮고 관리비와 세금 부담이 크다. 주식은 정보는 많으나 변동이 심하고 진입과 관리도 쉽지 않다. 반면 비트코인을 제대로 이해했다면 비트코인이 그런 제약들에서 자유로운 자산이라는 것을 알 수 있다. 이것이 바로 비트코인이 제공하는 가장 중요한 가치다.

왜 아직도 비트코인을
갖고 있지 않은가?

사토시 나카모토가 만든 비트코인 네트워크는 화폐 시스템을 넘어 전 세계가 동일하게 사용할 수 있는 디지털 인프라다. 공개 키와 개인 키로 구성된 암호 시스템은 금융 거래뿐 아니라 디지털 신원과 데이터 보안까지 아우르는 기술적 기반을 제공한다. 이는 돈을 보내고 받는 것은 물론 우리가 신뢰할 수 있는 새로운 경제 질서를 만드는 초석이 된다.

이제 중요한 질문을 던져야 할 때다. 우리는 이 새로운 질서에서 어떤 위치에 설 것인가? 노력만으로는 부족한 시대다. 자산을 지키고 싶다면 지금 당장 행동해야 한다. 부는 늘 이동하며 그 방향은 기술이 결정한다. 당신의 부는 어디로 향하고 있는가?

비트코인은 이 질문에 새로운 차원의 해답을 제시한다. 정부나 중앙 기관의 개입 없이 '블록체인(분산 컴퓨팅 기술 기반의 데이터 위변조 방지 기술)'을 통해 발행·유통되는 비트코인은 어떤 상황에도 변하지 않는 속성을 갖는다. 2,100만 개로 총량이 고정된 이 자산은 누구도 임의로 가치를 조작할 수 없으며 수량을 늘릴 수 없다. 마치 우주의 절대적인 자연법칙처럼 '처음으로 인간이 디자인한 디지털 희소성'이자 새로운 질서로 작동한다.

매달 반복되는 고정 지출과 예측하기 어려운 시장의 변동에서 자산은 쉽게 흔들리고 인생 계획은 끊임없이 수정에 수정을 거듭한다. 하지만 비트코인의 속성과 가치를 이해한 이후로는 시야가 달라진다. 단기적인 가격 등락에 집착하기보다 장기적인 관점으로 '지킬 수 있는 돈'을 선택했을 때 삶이 오히려 단순해지기 때문이다.

비트코인 세계의 논리는 단순하다. 바로 수요와 공급이다. 비트코인은 그 한 축인 공급에서 우리가 믿을 수 있는 프로그램으로 존재한다. 어떤 상황에서도 변하지 않는 알고리즘이다.

변하는 것은 바로 비트코인을 향한 세상의 인식이다. 어떤 상황에서도 공급이 제한되기에 수요 변화에 따라 그 가치가 급등할 수도 급락할 수도 있다. 우리는 지금 그 변화를 속속들이 느끼고 있다. 한때 암시장의 거래 수단으로만 활용되던 비트코인이 아니다. 피자 한 판을 사 먹기 위해 결제가 가능한 매장을 수소문해야 했던 비트코인이 아니다.

오늘날의 비트코인은 세계 국가들과 글로벌 기업들이 앞다투며 준비 자산으로 확보하는 새로운 자산군이 됐다. 비트코인이 사라질 것이라 말하는 이들이 오히려 사라지고 있다.

기존의 개념을 깨부수는 새로운 개념의 화폐

비트코인을 투자 상품으로만 치부하는 것은 위험한 발상이다. 비트코인은 유동적이고 변동이 큰 시장 자산인 동시에 기존 시스템의 문제를 넘어서는 새로운 통화 체제, 나아가 거대한 인식 전환을 이끄는 메타 인지적 도구라고 할 수 있다.

'지금 내가 사용하는 화폐는 정말 안정적인가?'
'이 시스템은 과연 누구를 이롭게 하는가?'

질문에 진지하게 답하다 보면 당신은 자연스레 비트코인이 우리의 새로운 기준점이 될 수도 있음을 깨달을 것이다. 현대 인류에게 화폐는 '정부와 중앙은행 주도가 발행하는 법정 화폐' 외의 다른 정의가 존재하지 않았다. 하지만 지금 우리는 새로운 패러다임 시프트, '가치 중립 화폐'로의 시스템 변화를 목도하고 있다.

사람들은 돈이 변화하는 존재임을 간과한다. 초기 인류에게는 지금의 종이 화폐가 아닌 실물 화폐, 조개나 돌조각 등이 화폐로 활용됐다. 그 후 화폐는 실제 귀금속을 활용한 금속 화폐 시기를 지나 현대 화폐 구조의 근간이 된 법정 화폐 시대를 맞이했다. 하지만 지금의 법정 화폐는 초기 법정 화폐와 궤를 달리한다.

초기 화폐는 실물 가치에 근거해 발행됐다. 법정 화폐를 특정 자산과 교환하는 구조인 금 태환(중앙은행이 발행한 지폐인 은행권을 금으로 교환하는 것) 시기의 화폐가 그 예시다. 당시 화폐는 지금같이 정부와 중앙은행 주도하에 무한히 발행할 수 있는 구조가 아니었다. 발행을 위해서는 이를 뒷받침하는 금이 필요했으며 금을 충분히 확보하지 못한 화폐의 경우 신뢰와 공감을 얻을 수 없었다.

하지만 지금은 어떤가? 세계 정부는 모두 돈을 말 그대로 '찍어 낸다'. 달러, 원, 위안, 엔 등 법정 화폐는 정부 정책에 따라 늘어나기도 줄어들기도 한다. 사회 구성원으로 우리가 할 수 있는 건 그저 우리가 예상하는 미래와 이들의 움직임이 엇갈리지 않기를 바라는 것뿐이다.

16년간 한 번의 오류 없이 운영되고 있는 비트코인의 단단한 내구성

물론 비트코인도 완벽하지는 않다. 초창기에는 거래 속도, 확장성 문제, 가격 변동성 등 다양한 이슈가 존재했고, 채굴로 인한 환경 오염 논란이나 국가 규제 문제도 여전히 제기된다. 그러나 어떤 위기 상황에서도 네트워크가 중단되지 않고 계속해서 블록을 이어 간다는 점은 엄청난 시스템 내구성을 보여 준다. 비트코인은 2009년 1월

3일, 첫 트랜잭션(두 당사자 사이에 이뤄지는 디지털 자산의 전송)이 발생한 후 약 16년간 한 번의 오류 없이 운영되고 있는 유일한 네트워크다. 게다가 시간이 지날수록 확장성 문제를 해소하기 위한 다양한 솔루션이 활발히 개발 및 도입되고 있다.

가장 중요한 것은 우리가 비트코인을 '예측'할 수 있다는 점이다. 그 어떤 상황에서도 비트코인의 총량은 2,100만 개로 고정된다. 공급이 고정된 상황에서는 비트코인이라는 시스템을 신뢰하는 사람이 늘어날수록 수요도 함께 늘어난다. 수요 공급의 원칙에 따라 단위 비트코인의 가치 역시 오른다.

모든 것은 변하지만 그중에서도 변하지 않는 본질은 무엇인가? 비트코인은 이 질문에 대한 현대적 해답이다. 정부나 중앙은행의 신뢰가 무너져도 네트워크가 유지되고 경제 상황이 어떻든 그 수량은 일정하다. 비트코인이 가진 불변성이야말로 우리가 불안에서 벗어나 더 나은 삶을 스스로 설계할 수 있는 단단한 토대를 제공한다.

이제 우리의 질문은 "왜 비트코인을 사야 하는가?"가 아니라 "왜 아직도 비트코인을 갖고 있지 않은가?"로 바뀌어야 한다. 지금 우리에게 필요한 건 메타 인지 능력이다. 내가 속한 상황을 한발 떨어져 바라볼 줄 알아야 한다. 그리고 시스템이 잘못됐음을 인지한 사람이라면 반드시 새로운 질서를 찾아 나서게 마련이다. 나는 그 새로운 질서가 비트코인이라고 믿는다. 더 많은 이가 그 믿음에 함께하고 있다. 나는 우리의 믿음이 신념이 아니라 냉철한 현실 인식의 결과라고 확신한다.

당신의 돈은
거대한 쳇바퀴 안을 돌고 있다

　우리는 매일 아침 눈을 뜨고 출근해 일하고, 퇴근 후 피곤한 몸을 이끌고 집에 돌아와 잠든다. 매달 꼬박꼬박 들어오는 월급은 카드 값, 전세 대출 이자, 각종 공과금으로 빠져나간다.

　문제는 이 시스템이 점점 더 비효율적으로 작동하고 있다는 점이다. 마치 쳇바퀴가 거꾸로 돌아가듯 열심히 달릴수록 오히려 뒤로 밀려나는 기분이 든다. 이유는 명확하다. 우리가 달리는 이 쳇바퀴, 즉 법정 화폐 시스템이 무너지고 있기 때문이다.

　현대 경제는 오랜 기간 통화 팽창을 전제로 움직였다. 중앙은행은 경제 성장과 시장 안정화를 명목으로 끊임없이 돈을 찍어 낸다. 이른바 양적 완화(Quantitative Easing) 정책이다. 쟁점은 이 과정에서 화폐의 가치가 지속적으로 하락한다는 점이다.

인플레이션 앞에 속수무책인
법정 화폐의 무력함

원화는 물론 달러까지 오늘날의 법정 화폐는 시간이 지날수록 구매력을 잃는다. 물가와 자산 가격이 폭등하며 노동의 가치는 상대적으로 하락하고 월급은 그대로인데 생활비와 집값은 계속 오른다. 이 구조에서 대부분 사람은 좌절감을 느끼게 마련이다. 그러나 이는 느낌이 아닌 냉혹한 현실이다.

개인 임금이 오르면 화폐 공급도 늘어난다. 고인 돈은 거꾸로 돌아가는 쳇바퀴, 인플레이션의 영향으로 계속 줄어든다. 우리는 쳇바퀴를 앞으로 돌아가게 하기 위해 가치가 상승할 자산에 투자한다.

주가가 급등하면 투자자는 흥분을 감추지 못한다. 우량주에 장기 투자한 이들은 자신의 투자 안목에 뿌듯함을 느낀다. 언론은 새로운 강세장을 알리고 SNS에는 고수익 인증이 넘쳐 난다. 그러나 진실은 언제나 더 복잡하다. 이런 수익은 과연 실제로 자산이 늘어난 결과일까?

화폐 공급량의 변화를 들여다보면 '수익'이라는 개념에 의문이 생긴다. 미 연방준비제도가 발표한 자료에 따르면 2008년 금융 위기 이후 미국의 M2(시중에 유통되는 현금과 예금을 합한 것) 통화량이 가파르게 증가했다. 2020년 코로나 팬데믹 이후에는 그 속도가 거의 수직 상승 곡선을 그린다. 즉 화폐가 대량으로 공급되면 자산의 명목 가격은 오를 수밖에 없다. 그러나 이는 실질 가치 상승이라기보다 인플레이션에 따른 착시일 가능성이 크다.

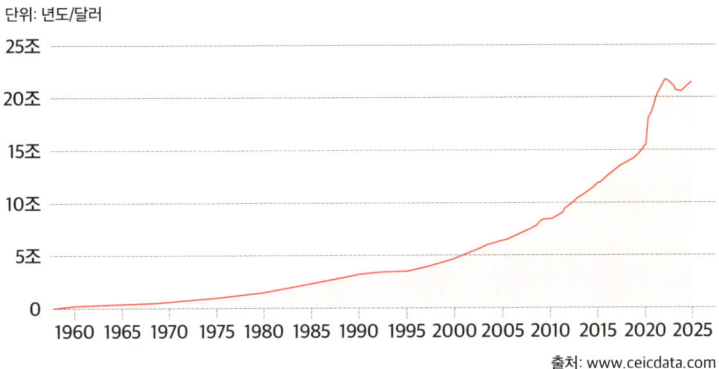

1959년부터 2025년까지에 해당하는 미국의 화폐 공급 M2

지금 갖고 있는 현금은 10년 후에도 가치가 그대로일까?

우리는 자주 "현금은 쓰레기다"라는 말을 듣고는 한다. 미국의 기업인 J. P. 모건의 20년간 자산 수익률 분석에 따르면 2002년부터 2021년까지 현금의 연평균 수익률은 고작 1.2%였다. 같은 기간 미국의 목표 인플레이션은 연 2%, 실제 평균 인플레이션은 2.2% 수준이다. 이 수치만 보더라도 현금의 가치는 매년 실질적으로 줄어들었다는 결론에 도달할 수 있다.

문제는 여기서 끝나지 않는다. 정부가 발표하는 인플레이션 수치는 현실을 왜곡한다. 인플레이션 측정 지표는 가중치와 구성 항목 조정이 가능한 통계다. 더군다나 슈링크플레이션(제품의 크기나 양을 줄이되 가격은 그대로 유지하는 전략)은 공식 통계에 제대로 반영되지 않는다. 어려서 먹던 아이스크림과 지금 그것의 크기를 비교해 보면 알 수 있다. 가격은 올랐지만 내용물은 오히려 줄었다. 이는 소비자 입장에서 실질 구매력이 떨어졌다는 의미다.

결국 투자는 인플레이션과의 싸움이다. 아무리 수익률이 높아 보여도 그 수익이 인플레이션을 넘어서지 못한다면 실질적인 자산은 줄어든다. 이 싸움에서 승리하려면 자산의 본질적인 희소성과 화폐 시스템의 구조를 이해하는 통찰력이 필요하다.

그렇다면 우리는 어떤 자산에 투자해야 할까? 부동산, 주식, 채권, 원자재 등 다양한 자산군이 존재하지만 모두 경제 사이클의 영향 아래 있다. 기술 혁신은 원자재 채굴의 효율을 높이며 정부 정책은 주식과 부동산 시장을 좌지우지한다. 반면 중앙의 간섭이 불가능하며 공급량이 완전히 고정된 자산이 있다. 바로 비트코인이다.

비트코인은 총 발행량이 2,100만 개로 제한돼 있으며 4년마다 반감기(Halving)를 거쳐 채굴 속도가 절반으로 줄어든다. 이는 전통적인 화폐와 달리 공급이 인위적으로 늘어날 수 없다는 것을 의미한다. 따라서 비트코인은 통화 인플레이션의 영향을 받지 않는 새로운 형태의 디지털 금으로 자리 잡았다. 실제로 지난 10년간 비트코인의 연평균 수익률은 대부분의 자산군을 압도했다.

지금 우리가 주목해야 할 것은 단기적인 가격 움직임이 아니라 세계 경제 구조의 변화 속에서 '어떤 자산이 진짜 가치를 지닐 수 있는가' 하는 통찰이다. 세계 3위 자산 운용사 피델리티 인베스트먼트의 부회장이자 월가의 전설적인 투자자 피터 린치는 이렇게 말했다.

"당신이 주식 시장에서 돈을 잃는 이유는 시장을 잘못 이해했기 때문이다."

오늘날의 시장에서 돈을 잃지 않기 위해 우리는 인플레이션이라는 보이지 않는 적과 싸워야 한다. 그 싸움에서 이기기 위해서는 단지 수익률을 높이는 것이 아니라 깊은 통찰을 바탕으로 자산을 선택해야 한다. 그렇게 우리는 인플레이션을 이기는 유일한 자산인 비트코인을 마주한다.

눈앞의 안정을 뒤로하고
시스템 너머의 세상을 보라

 우리는 노동력만으로는 현재의 삶을 바꾸기 어렵다는 사실을 깨달아야 한다. 대한민국의 많은 사람은 '적자 인생'을 살아가고 있다. 버는 돈보다 쓰는 돈이 더 많다면 자산을 쌓는 건 구조적으로 불가능하다. 오늘날 부의 재분배 수단인 조세, 사회 보장 제도, 노동 시장 정책 중 노동력이 가장 한계가 명확하기 때문이다. 열심히 일한다고 반드시 부자가 되지는 못한다. 열정과 성실함만으로는 이 굴레를 벗어날 수 없다.

 왜 이런 일이 벌어질까? 이는 화폐가 '가치 저장'이 아닌 '소비 촉진'에 초점을 맞춰 설계됐기 때문이다. 1971년 미국의 닉슨 쇼크 이후 금 태환제가 폐지되며 전 세계가 법정 화폐 발행량을 사실상 무제한으로 늘릴 수 있는 구조가 됐다. 그 결과 인플레이션은 필연적으로

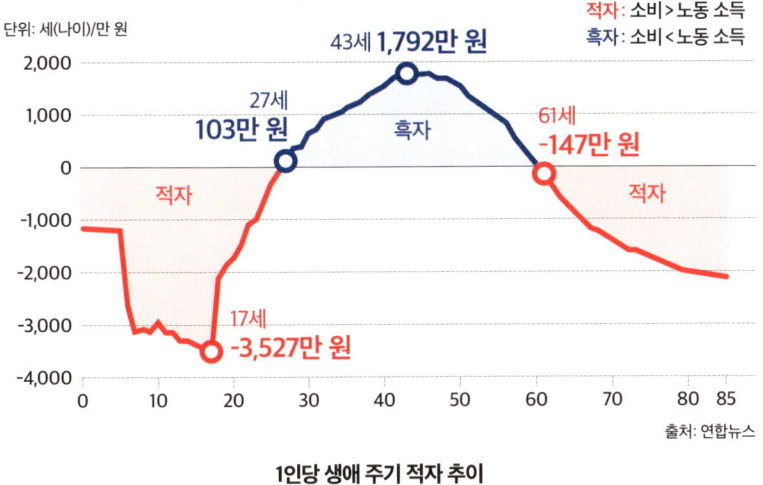

1인당 생애 주기 적자 추이

일어날 수밖에 없었다. 특히 자산 인플레이션은 이미 부동산이나 주식 같은 자산을 보유한 계층에 유리하게 작용했다. 그들에게 이 세상은 '제대로 돌아가는 쳇바퀴'다. 가만히 있어도 그들은 앞으로 간다. 반면 자산이 없는 사람들은 매달 오르는 물가와 주거 비용을 감당하느라 소득의 대부분을 지출한다. 그렇게 상대적 빈곤과 불평등은 심화된다.

있는 자들만 살아남는 게임에서 없는 자들이 살아남을 길이 있다면

여기서 비트코인은 전혀 다른 가능성을 제시한다. 중앙은행이 없는 탈중앙화, 발행량이 제한된 디지털 자산, 누구나 검증할 수 있는 투명한 거래 장부까지 비트코인은 기존 시스템의 쳇바퀴를 버리고 완전히 다른 방향으로 달리게 하는 혁신적인 도구다. 가격이 오를 때 사고파는 일회성 자산이 아니라 통화 시스템 밖에서 자산을 보존하고 가치를 저장할 수 있는 대안이다.

현재 전 세계에서 사용하는 법정 화폐는 시간이 지날수록 가치가 떨어지지만 비트코인의 발행량은 시간이 지날수록 희소성이 강해진다. 이는 궁극적으로 '부의 이동'을 의미한다. 법정 화폐의 가치 하락에 계속 노출된 이들은 점점 더 가난해지는 반면 비트코인을 이해하고 활용하는 이들은 자산을 다른 방식으로 보존할 수 있기 때문이다.

물론 비트코인에는 아직 불안정한 부분이 있고 규제 리스크도 존재한다. 변동성이 크고 각국 정부의 정책 방향이나 기술 문제가 발생할 가능성도 있다. 하지만 현재 진행 중인 법정 화폐 시스템의 붕괴 속도와 비교할 때 비트코인의 위험은 상대적으로 예측 가능하다는 평가도 있다.

결국 중요한 건 선택이다. 지금 무엇을 신뢰하느냐에 따라 10년 후 당신의 재정 상태는 완전히 달라질 수 있다. 눈앞의 작은 안정을 택할 것인가? 아니면 시스템 밖에서 자산을 지키는 새로운 길을 모색할 것인가? 우리는 평범한 투자로는 성공할 수 없다. 이는 막연한 직감이 아니라 명확한 통계와 수치가 뒷받침하는 현실이다. 시장은 끊임없이 소수의 승자가 주도하며 흐름을 읽지 못한 대다수는 평균조차 따라가지 못하는 구조다. 2023년의 주식 시장이 이를 가장 극명하게 보여 준 해였다.

하수들이 평균을 쫓을 때
고수들은 흐름을 포착한다

2023년 상반기, 골드만삭스가 발표한 S&P 500의 연중 수익률은 약 11%였다. 이 수치는 20년간의 평균 상승률 9.5%를 넘어서는 수준이었다. 하지만 이 지표는 오해의 소지가 있다. 평균이라는 말이 착시를 일으키기 때문이다. 실상은 극히 일부 종목이 시장을 견인했고 나머지 다수는 제자리걸음을 했다.

'매그니피센트 7(AI 상용화의 수혜를 입으며 S&P 500 지수의 상승을 이끌고 있는 미국 내 일곱 개 빅 테크 기업)'이라 불리는 애플, 마이크로소프트, 알파벳, 아마존, 엔비디아, 테슬라, 메타는 2023년 같은 기간 약 53%의 상승률을 기록했다.

반면 이들을 제외한 S&P 500의 나머지 493개 기업을 분산 투자했다면 수익률은 0%다. 즉 시가 총액 상위 1.4%의 기업이 시장 전체 상승을 만들었다는 의미다. 98.6%의 종목 평균 수익률이 0%에 머물렀다는 사실은 분산 투자의 통념을 다시 생각하게 만든다.

좋은 투자는 평균을 따라가는 것이 아니라 평균을 압도하는 소수의 흐름을 포착하는 것이다. 2023년의 승자는 명확했다. 엔비디아는 연간 수익률 233.4%를 기록하며 단연코 가장 두드러졌다. 당시 엔비디아를 보유하고 있었다면 매그니피센트7을 보유하는 것보다도 네 배가 넘는 수익률을 기록할 수 있었다. 어떻게 그럴 수 있었을까?

지금은 모두가 답을 알고 있다. 바로 AI다. 엔비디아는 생성형 AI

시대의 인프라를 장악하고 있었다. GPU 시장에서의 독점적 지위, AI 모델 학습을 위한 필수 하드웨어, 그리고 막대한 기술적 진입 장벽까지 AI라는 흐름이 가시화되자 시장의 투자자들은 그 핵심 기업에 몰려들었다. 기술을 보는 눈, 세상을 읽는 인사이트가 있는 투자자만이 이런 높은 수익률을 얻을 수 있었다.

하지만 대다수는 이 기회를 지나쳤다. 평범한 투자자들이 그저 ETF나 인덱스 펀드에 기댄 채 시장 전체를 사면 안심이라 여길 때 진짜 기회는 특정 테마와 소수 기업에 몰려 있었다. 기술주 강세라는 단순한 트렌드가 아닌 AI라는 산업적 대전환을 꿰뚫어 본 이들만이 성공을 거둔 것이다.

열심히 일해도 부를 축적하기 어려운 시대다. 법정 화폐는 끊임없이 발행되고 인플레이션은 자산이 없는 이들을 더욱 가난하게 만든다. 반면 자산을 보유한 사람들은 가만히 있어도 부가 증가하는 구조 속에서 살아간다.

이 같은 시스템의 불균형을 타개할 유일한 방법은 구조를 바꾸는 것이다. 비트코인은 그 대안이 될 수 있다. 희소성과 탈중앙화를 갖춘 디지털 자산인 비트코인은 기존 질서 밖에서 자산을 지킬 수 있는 유일한 수단이다. AI 시대를 꿰뚫어 본 이들이 엔비디아에서 기회를 찾았듯 구조와 흐름을 이해한 이들만이 새로운 자산 전환의 승자가 될 수 있다.

기술이 새로운 패러다임을 제시할 때 당신은 어떤 흐름에 올라탈 것인가

이제 비트코인의 시계를 돌려 보자. 비트코인은 2023년 AI 열풍 속에서도 꾸준한 성장세를 유지했다. 그리고 2024년 4월, 다시 한 번 반감기를 맞이했다. 채굴 보상은 6.25개에서 3.125개로 줄었다. 이는 비트코인의 공급량이 처음 대비 94% 감소했음을 의미한다.

수요가 지속적으로 늘어나는 상황에서 공급이 이토록 제한된 자산은 자연스레 희소성이 높아지고 가치가 상승할 수밖에 없다. 이 점이 바로 비트코인의 본질이다. 무한히 찍어 낼 수 없는 통화, 생산 비용과 시간, 기술이 필요한 디지털 자산, 미국을 포함한 주요 국가들이 인플레이션과 재정 적자에 허덕이는 가운데 중앙 개입 없이 수요 공급의 원칙에 의해 가격이 형성되는 자산, 이것이 비트코인의 진짜 가치다.

세상을 바꿀 패러다임은
항상 질서를 흔들며 등장한다

여전히 비트코인을 둘러싼 회의론이 존재한다. 그러나 지난 10년을 돌이켜 보면 그런 예언은 번번이 틀렸다. 기술은 성장했고, 인프라는 넓어졌으며, 제도권 금융마저 비트코인을 환영하고 있다. 글로벌 자산 운용사들이 포트폴리오에 비트코인을 포함시키는 이유는 분명하다. 제한된 공급, 점점 강해지는 수요, 그리고 무엇보다도 시장이 이를 원하고 있다는 '신호'다.

평범한 투자는 실패한다. S&P 500의 평균 수익률조차 그 평균을 만드는 소수 종목이 없다면 성립하지 않는다. 우리가 원하는 성공은 평범함에서 나오지 않는다. 세상을 읽는 눈과 인사이트를 가진 이들만이 다음 기회를 잡을 수 있다. GPU가 'AI 시대의 금'이라면, 비트코인은 '디지털 시대의 금'이다. 그리고 오늘이 그 금을 소유할 수 있는 마지막 기회다.

기술의 발전은 인간의 삶에 새로운 패러다임을 제시한다. 그리고 그 패러다임을 일찍 인지하고 대응하는 사람들은 돈 걱정 없는 삶에 가까워진다. 1994년 영화 〈포레스트 검프〉에서 포레스트 검프의 돈을 관리해 주던 댄 중위는 '과일 회사'에 투자했다며 돈 걱정할 필요가 없어졌다고 말한다. 과일 회사는 다름 아닌 애플이었.

영화가 개봉한 그해 애플 주가는 0.3달러에 불과했다. 만약 당시 1,000만 원을 투자했다면 지금은 약 58억 원이 됐을 것이다. 이 사례에서 우리가 배워야 할 점은 시세 차익이 아니다. 시대의 변화에 대한 감각이다. 새로운 패러다임은 기존 질서를 흔들며 등장한다. 그리고 처음에는 소수의 사람들만 이를 알아본다.

2009년, 익명의 개발자 사토시 나카모토가 세상에 비트코인을 등장시켰을 때도 마찬가지였다. 사람들은 그것을 현실 세계에서는 가치가 없는 '게임 머니' 정도로 치부했다. 하지만 지금은 어떤가? 15년이 지난 지금, 비트코인은 글로벌 자산 시장에서 하나의 거대한 축을 담당하고 있다.

중요한 것은 기술과 자본이 움직이는 방향을 읽는 것이다. 20세기 후반은 인터넷의 시대였고 그 중심에 애플, 아마존, 구글이 있었다. 이들은 세상을 바꿨다. 그렇다면 21세기의 다음 변화는 무엇일까?

변화를 눈치채는 순간 즉시 대응하라

많은 전문가가 그것이 탈중앙화와 디지털 자산이라고 본다. 그리고 그 정점에 비트코인이 있다. 비트코인은 투기 수단이 아니라 기존의 화폐 시스템이 갖는 한계를 극복하려는 시도다. 비트코인은 인플레이션에 취약한 기존 화폐의 대안으로써 누구나 참여할 수 있는 금융 네트워크를 제시한다. 이는 역사적으로 본다면 '화폐의 민주화'로 부를 수 있는 흐름이자 기존 인류가 갖지 못했던 패러다임의 변화다.

우리는 지금 새로운 시대의 초입에 있다. 변화는 점진적이지만 불가역적이다. 누구도 거스를 수 없는 흐름이다. 변화를 빠르게 인지하고 대응하는 사람들이 새로운 부의 주인이 된다.

이제 당신에게 묻고 싶다. 앞으로 세상이 어떻게 바뀔지를 고민해 본 적이 있는가? 당신은 그 변화를 어떻게 대응할 것인가? 하루하루를 살아가는 데 급급한 삶을 넘어 더 큰 틀에서 자신의 미래를 설계하는 삶으로 나아가길 바란다. 당신이 지금 내려야 할 결정은 투자 이상의 의미를 지닌다. 바로 인생을 다시 설계하는 생각의 전환이다. 거꾸로 돌아가는 쳇바퀴 위에서 내려올 수 있는 방법은 분명 존재한다. 모든 것은 당신의 선택에 달려 있다.

비트코인에
인플레이션은 없다

인플레이션은 모든 경제 주체가 피할 수 없는 구조적 위협이다. 화폐의 구매력이 해마다 떨어지는 현실은 개인의 자산 가치를 서서히 갉아먹는다. 어떤 자산이든 화폐 단위로 가격이 매겨지는 이상 인플레이션의 영향에서 완전히 자유롭기는 어렵다. 그러나 '사운드 머니(Sound Money)' 개념을 이해하면 이 거센 파도에서도 자산을 지킬 수 있다.

사운드 머니란 희소성이 보장되고, 위조가 불가능하며, 중앙 권력의 일방적 개입을 받지 않는 자산을 말한다. 한국어로 표현하자면 '건전한 돈'이 된다. 오스트리아학파 경제학에서 중요하게 다룬 이 개념은 금 본위제 같은 역사적 사례를 통해 발전했다. 금은 대표적인 사운드 머니였지만 채굴·운반·보관 과정의 불편함 때문에 실물 화폐로 쓰이는 데 한계가 있었다. 디지털 시대가 열리며 사운드 머니의 개념은 새롭게 해석됐고 그 핵심에 비트코인이 자리 잡았다.

비트코인의 발행량 2,100만 개는 프로토콜 차원에서 변경할 수 없으며 약 4년마다 신규 발행 속도가 절반으로 줄어드는 반감기가 적용된다. 이에 따라 비트코인의 연간 인플레이션율은 시간이 지날수록 하락하며 향후에는 제로에 가까워진다. 이는 끊임없이 발행량이 늘어날 수 있는 달러나 원화 같은 법정 화폐와 본질적으로 구분되는 비트코인만의 특징이다.

어디에도 속하지 않는 독립성의 가치

법정 화폐는 중앙은행이 통화량과 금리를 조절할 수 있기 때문에 정치·경제 요인에 따라 가치가 흔들릴 가능성이 크다. 예컨대 연준은 매년 2%의 물가 상승률 목표를 내세우지만 실제 정책 집행 과정에서 이를 초과하는 경우가 잦았다.

반면 비트코인은 정부나 중앙은행의 개입으로부터 완전히 독립된 네트워크에서 운영된다. 채굴 과정에 막대한 전기와 컴퓨팅 파워가 필요하다는 점, 그리고 분산 원장을 통해 모든 거래가 검증된다는 점은 비트코인의 안정성과 신뢰도를 높이는 핵심 요소다.

수만 비트코인으로 피자 한 판을 살 수 있던 과거를 지나 이제 우리는 1비트코인으로 평생 먹을 피자를 살 수 있다. 이것이 바로 건전

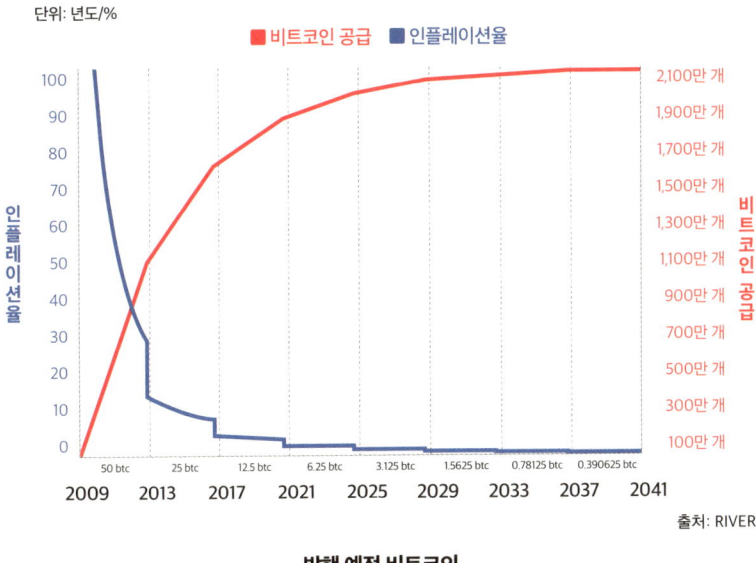

발행 예정 비트코인

한 돈, 사운드 머니의 강점이다. 우리가 지금 가진 비트코인은 미래 더 많은 자산과 바꿀 수 있는 근간이 된다.

비트코인을 사운드 머니, 즉 돈으로 이해하기 어렵다면 먼저 자산으로 이해해 보자. 석유나 금은 오랜 시간 인류와 함께한 대표적 물리 자산이다. 땅속에 존재하고, 물리적 공간에 보관되며, 실물이라는 점에서 가치의 현실성을 증명했다. 하지만 이런 자산은 국가·군대·경찰에 의해, 법령·판결 하나로 인해 소유권을 박탈당할 수 있다.

반면 비트코인은 물리적 공간이 아닌 사이버 공간에 존재하는 디지털 자산이다. 이 속성은 기술적 특성일 뿐만 아니라 그 자산을 압수할 수 없게 만드는 근본적인 근거가 된다.

비트코인을 보유한 사람은 '개인 키'라는 암호학적 도구를 통해 그 자산에 대한 절대적 통제권을 갖는다. 어떤 개인이나 기관도 이 키 없이는 해당 비트코인을 옮길 수 없다. 복구 문구인 단어 12개를 기억하거나 보관하고 있다면 지구 어디에서도 자산에 접근할 수 있다. 국가 간 경계도, 세관도 이 12개의 단어를 통제할 수 없다.

사토시는 이를 통해 투자 자산을 넘어 완전히 새로운 재산권 구조를 창조했다. 그가 제안한 시스템에서는 누구나 중앙 권력 없이도 자신의 자산을 보관하고, 이동하고, 교환할 수 있다. 이는 인간 사회의 소유권에 대한 정의를 다시 생각하게 만든다.

집, 자동차, 주식처럼 중앙 집중 시스템에 의해 권리가 보장되는 것이 아니라 개인의 수학 계산 능력과 정보 보존 능력만으로 권리를 증명할 수 있다는 점은 전례 없는 패러다임이다.

비트코인은 특정한 주체가 운영하는 것이 아니다. 은행처럼 CEO가 있는 것도, 주식을 발행해 기업의 가치를 높이려는 시도도 없다. 대신 코드와 규칙이 전 세계에 분산된 컴퓨터에서 동일하게 작동한다. 2,100만 개로 고정된 총 발행량은 누구도 변경할 수 없다. 이런 공급 구조는 희소성과 신뢰의 기초가 된다. 이는 기존 금융 시스템과 가장 대조되는 부분이기도 하다.

법정 화폐는 중앙은행의 결정에 따라 얼마든지 발행량이 조정된다. 화폐의 가치는 인플레이션이라는 형태로 희석되고 그 피해는 화폐를 보유한 일반 국민에게 돌아간다. 반면 비트코인은 수십만 명의 채굴자와 노드 운영자에 의해 공동 유지된다. 어떤 정부도 이 규칙을 임의로 바꿀 수 없고 그 누구도 이를 독점할 수 없다.

금융 신뢰의 다음 챕터,
권위가 아닌 시스템

비트코인은 신뢰의 문제를 '사람'이 아닌 '시스템'으로 해결한 최초의 자산이다. 지금까지 인간 사회는 왕, 정부, 기업 등 권위에 기반한 신뢰를 구축했다. 하지만 비트코인은 반대로 권위가 없기에 오히려 더 신뢰할 수 있는 시스템을 만든다. 누구도 조작할 수 없고, 모두가 같은 규칙을 따르며, 누구에게나 규칙이 공개된다.

그럼에도 여전히 많은 사람이 비트코인을 자산으로 받아들이는 데 어려움을 겪는다. 법적인 기준, 국가의 인가, 제도권 편입 여부 등 전통적 기준에 따라 화폐의 자산성을 평가하기 때문이다. 그러나 자산의 본질은 법률에 있지 않다. 사람들이 그것을 가치 있게 여기고, 교환 수단으로 사용하며, 저장의 기능을 한다면 그것이 곧 자산이다.

비트코인은 수많은 국가에서 법적 지위를 확보하고 있다. 특히 미국의 비트코인 현물 ETF 승인은 비트코인이 증권이 아니라는 점을 명확히 했다. 이는 비트코인이 기존 증권법의 적용 대상이 아님을 뜻하며 독립적 자산의 지위를 인정받은 것이다. 다만 비트코인을 제외한 암호 화폐에 대해서는 여전히 증권법 적용 여부가 논쟁 중이며 각 자산의 발행 구조와 중앙화 정도에 따라 그 판단이 달라진다.

결국 비트코인은 법률, 기술, 경제가 모두 교차하는 지점에 위치한다. 그리고 그것은 단순히 자산으로서의 기능을 넘어 우리가 디지털 시대의 자산을 어떻게 바라봐야 할지를 묻는 질문이다. 종이 계약서, 공증인, 부동산 등기 대신 오직 단어 12개만으로 전 세계 어디서

든 자산에 접근할 수 있는 시대가 열린 것이다.

　희소성과 탈중앙화 구조는 인플레이션이 극심한 환경에서 더욱 부각된다. 인터넷만 연결된다면 국경을 초월해 안전하고 빠르게 화폐를 전송할 수 있고 위조나 이중 지불 위험도 사실상 차단된다.

　비트코인은 더 이상 실험이 아니다. 끊임없이 흔들리는 법정 화폐의 한계를 인식한 사람들, 자산을 스스로 지키고자 하는 개인들이 선택한 도구다. 인플레이션과 자산 침식의 시대, 기술이 만든 이 새로운 화폐는 단순한 대체제가 아니라 스스로 선택한 '금융 독립 선언'이다. 그리고 그 선택은 앞으로 더 많은 이의 표준이 될 것이다.

진정한 투자는
구조를 이해하는 것이다

　많은 사람이 스스로를 투자자라고 생각한다. 주식 앱을 열고, 유튜브에서 경제 콘텐츠를 보며, ETF 몇 종목에 돈을 넣고 나면 '나는 똑똑하게 투자하고 있다'는 환상에 빠진다. 그러나 현실은 다르다. 대부분 사람은 단순히 '돈을 맡기는 소비자'에 머무를 뿐 시장의 본질을 읽고 구조를 이해한 '진짜 투자자'는 아니다.

　우리의 목표는 수익률 경쟁을 넘어 더 큰 가치를 추구하는 데 있어야 한다. 부의 재분배 구조 속 시장의 흐름을 간파하고 쳇바퀴처럼 반복되는 사회 구조에서 벗어나야 한다. 투자라는 수단은 이 목표를 위한 도구이지 그 자체가 목적이 아니다. 수단이 목적이 돼 버리는 순간 우리는 스스로가 잘하고 있다고 믿는 '멍청한 투자자'가 되고 만다.

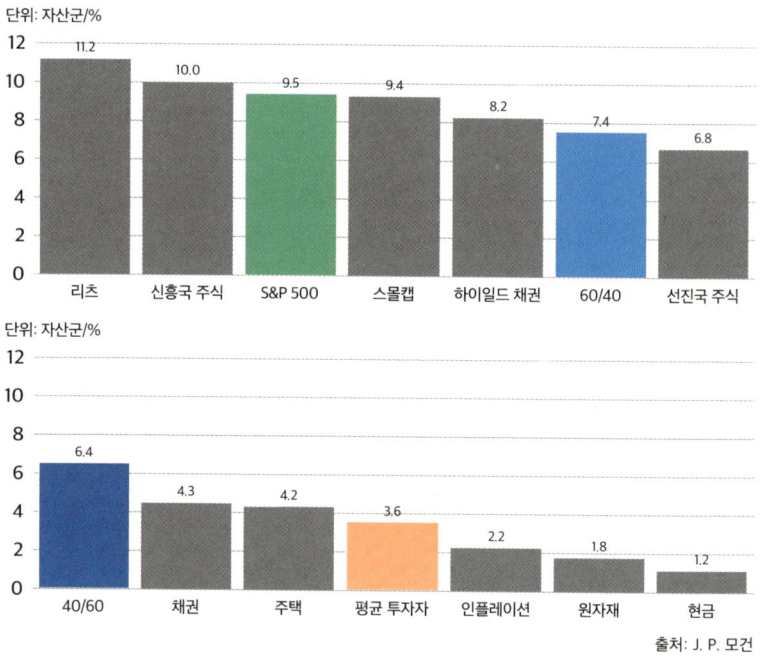

2002~2021 자산군별 연간 수익률 그래프

2002년부터 2021년까지 자산군별 연간 수익률 데이터를 보면 가장 높은 수익률을 기록한 자산은 연평균 수익률 11.2%인 리츠(부동산 투자 신탁)였다. 그다음은 신흥국 주식과 S&P 500으로 약 10% 수준이다. 얼핏 괜찮은 성과로 보일 수 있다. 그러나 이 수익률은 어디까지나 명목 수익률이다. 인플레이션을 감안한 실질 수익률은 그 절반 수준이다.

2023년 한국의 소비자 물가 지수는 3.6% 상승했다. 지표에 잡히지 않는 체감 인플레이션까지 포함하면 5% 수준이라고 가정할 수 있다. 그렇다면 앞서 언급한 신흥국 주식과 S&P 500의 실질 수익률은 고작 5%에 불과하다. 수치만 보면 괜찮은 투자 같지만 실제로는 겨우 현상을 유지하는 수준에 그친다. 이런 전제를 바탕으로 흔히 말하는 성실한 투자의 결과를 살펴보자.

눈앞의 수익률에 휘둘리지 말고 진정한 자유를 추구하라

매달 100만 원을 20년 동안 저축하며 실질 수익률 5%를 기대한다고 가정해 보자. 복리 공식에 따라 계산하면 미래 가치는 약 4억 1,103만 원이다. 20년의 노동과 절제 끝에 얻는 금액이 겨우 4억 원인 것이다. 이 금액으로 우리는 은퇴 후 삶을 설계해야 한다.

더 심각한 문제는 이조차도 이상적인 상황이라는 점이다. 투자자 대부분은 시장 평균 이하의 수익률을 기록하고(지수 투자가 맹목적으로 신뢰받는 이유이기도 하다) 손실을 보거나 패닉 셀을 반복하기도 한다. 그럼에도 사람들은 스스로가 투자에 능하다고 믿는다. '나는 투자하고 있다'는 자기 최면이 현실을 보지 못하게 만든다.

진짜 투자는 단순히 자산을 고르고 매수하는 것이 아니라 구조를 이해하는 것이다. 부의 흐름이 어디서 만들어지고 어디로 이동하는지를 보는 시선이 필요하다. 지금의 금융 시스템은 평범한 노동과 평균 수익률로는 절대 상위 계층으로의 진입을 허용하지 않는다. 그런 구조 속에서 우리는 그저 소비를 줄이고, 저축하고, 소박하게 사는 게 최선이다.

이 끝없는 굴레를 벗어나는 유일한 방법은 기회를 보는 것이다. 남들이 보지 못하는 구조를 인식하고 변화의 초입에서 선제적으로 움직여야 한다. 그것이 비트코인이든 다른 새로운 금융 기술이든 핵심은 '앞서 읽는 눈'이다.

따라서 우리는 다시 목표를 생각해야 한다. 우리의 목표는 단순한 수익률 게임이 아니다. 자유다. 돈을 불리는 것이 아니라 돈의 노예가 되지 않는 삶을 만드는 것이다. 그러기 위해서는 구조를 꿰뚫고, 흐름을 읽고 그 위에 올라탈 줄 알아야 한다.

떠내려가는 뗏목에 남을 것인가
구명보트에 오를 것인가

비트코인이야말로 인플레이션을 이길 수 있는 유일한 사운드 머니다. 이는 단편적인 수사가 아니다. 금 본위제 시절에 주목받았던 사운드 머니의 정신을 디지털 시대에 맞게 구현한 결과다. 누구도 보증하지 않지만 누구나 믿고 쓸 수 있는 이상적인 화폐인 것이다. 고정된 공급량, 탈중앙화 철학, 그리고 분산 원장 기술의 결합은 비트코인을 새로운 가치 저장 수단으로 만들었다.

투자 관점에서도 결과는 비슷하다. 인플레이션이 계속되는 환경에서는 현금이나 저수익 채권보다 희소성과 신뢰성이 확립된 자산이 장기적으로 더 큰 보상을 줄 가능성이 높다.

결국 우리는 가치가 점점 희석되는 법정 화폐를 보유할지 아니면 공급이 제한되고 독립성이 보장된 비트코인을 축적할지를 스스로 결정해야 한다. 인플레이션이라는 불가피한 현실에 맞서려면 비트코인을 이해하고 그 가치를 포트폴리오에 반영하는 결단이 필요하다. 지금이 바로 그 결단의 순간이다.

투자를 시작하기 전에
시장의 흐름을 읽어야 한다

모든 자산 시장에는 분명한 패턴이 존재한다. 주식, 채권, 부동산, 금, 석유 같은 원자재 시장은 꾸준히 반복되는 흐름이 있다. 이런 패턴을 읽는 일은 단순히 과거를 복기하는 것에 그치지 않는다. 시장이 어떻게 움직이는지 그리고 앞으로 어떤 방향으로 흘러갈지 예측하는 중요한 밑거름이 된다.

비트코인은 탄생 이후 극단적 급등과 급락을 반복했다. 공포와 탐욕이 교차할 때마다 비트코인의 가격은 급격히 출렁였지만, 그 안에는 분명한 사이클이 자리 잡고 있다. 이는 비단 암호 화폐 시장만의 특수성이 아니다.

하이먼 민스키 모델은 전통 금융 시장에서 반복적으로 나타나는 호황과 불황(boom-bust), 즉 거품의 형성과 붕괴 패턴을 잘 설명한

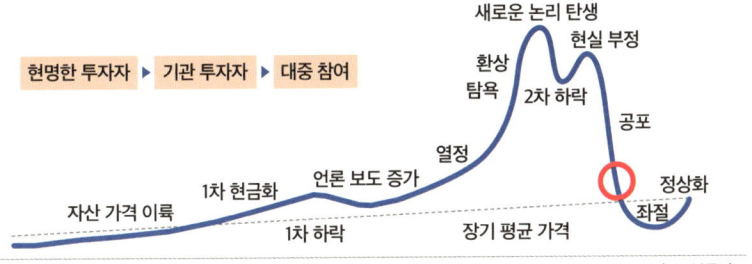

하이먼 민스키 모델

다. 미국의 경제학자 하이먼 필립 민스키는 자산 가격이 부채를 통해 부풀려진 뒤 결국 위기가 찾아온다고 봤는데, 비트코인 시장 역시 이 흐름에서 예외가 아님을 여러 차례 증명했다. 민스키의 금융 불안정성 가설(Financial Instability Hypothesis)을 통해 시장의 흐름을 읽어 보자.

모든 시장에 공통적으로 등장하는 금융 불안정성 가설

1단계: 헤지

차입자가 자신의 수익이나 현금으로 부채를 상환할 수 있는 단계다. 이들은 현금으로 대출 원금과 이자를 모두 충당할 수 있다.

2단계: 투기

차입자는 대출 이자를 낼 수 있지만 원금은 계속해서 롤 오버(만

기에 이른 채권이나 증권 등을 최초 계약과 같은 조건으로 계약을 연장하는 행위)해야 한다. 이 시점에서 그들은 새로운 자금을 차입하거나 재융자할 수 있기를 바랄 수밖에 없다.

3단계: 폰지

차입자는 대출의 원금 또는 이자 지급을 충당할 현금 흐름이 충분하지 않다. 이에 부채 상환을 위해 자신의 부채를 증가시키거나 담보 자산을 저가에 매각해야 한다. 그들은 자산의 가치 상승이나 대출자들의 추가 자금 지원 의사(기존의 대출 외에 추가로 자금을 더 빌려줄 의향이 있는지 여부)에만 의존할 수 있다.

이런 패턴은 비트코인 투자에서 더욱 부각된다. 비트코인은 채굴 시 지급되는 블록 보상이 약 4년마다 절반씩 줄어드는 반감기 구조를 갖추고 있으며, 이는 공급 감소로 인한 희소성을 높여 가격 상승을 유발하는 주요 요인이 되기도 한다. 그러나 반감기 이후 상승장이 정점을 찍으면 어김없이 가격 조정이 뒤따르며 시장 참여자들의 심리가 순식간에 탐욕에서 공포로 바뀌고는 한다.

미국 〈CNN Business〉에서 제공하는 지표 중 하나인 공포 탐욕 지수(Fear and Greed Index)는 시장의 심리를 간단하게 보여 주는 대표적인 예시다.

근본적인 흐름을 이해하면
시장의 방향이 읽히기 시작한다

이 지수는 극단적인 두려움, 두려움, 중립, 탐욕, 극단적인 탐욕의 다섯 단계가 있다. 지수가 두려움을 가리킬 때는 저점 매수가 유리하고 반대로 탐욕이 극에 달했을 때는 조정이 임박할 가능성이 높다.

투자에서 심리적 요인을 파악하는 것은 매우 중요하다. 이런 기술적 지표에 근거해 투자 전략을 수립하면 감정적 매매 대신 데이터에 기반한 결정을 내릴 수 있다. 결국 비트코인 투자도 시장을 이해하는 데서 출발한다. 상승장과 하락장은 꾸준히 반복되며 지금도 그 패턴에서 크게 벗어나지 않기 때문이다.

단기 변동성에 휘둘리지 않고 자산 시장의 흐름과 심리를 읽는다면 비트코인 투자에서도 중장기적으로 충분한 수익을 기대할 수 있다. 무엇보다 가장 위험한 것은 시장을 전혀 이해하지 못한 채 감이나 운에만 기대 진입하는 것이다. 이런 함정을 피하기 위해서는 시장 심리에 대한 이해가 필수다.

비트코인도 그렇다. 무턱대고 뛰어드는 것이 아니라 '왜 비트코인이 만들어졌는가?', '어떤 문제를 해결하려는 화폐인가?'와 같은 근본을 이해하는 과정이 필수적이다. 기존 시스템이 어디서부터 잘못됐는지 그리고 앞으로 어떤 변화가 올지 미리 공부하고 대비해야 한다. 이제 당신의 돈이 어디로 굴러가고 있는지, 그리고 당신이 어떤 기반 위에서 경제생활을 하고 있는지 점검할 시간이다.

결국 투자는 단순히 숫자를 좇는 행위가 아니라 구조를 이해하고 심리를 통제하며 본질을 꿰뚫는 사고의 훈련이다. 비트코인을 포함한 모든 자산은 흐름과 패턴, 그리고 그 이면의 심리와 철학을 품고 있다. 이 모든 요소를 읽어 내는 사람이야말로 단순한 투자자 단계를 넘어 변화의 주도자가 될 수 있다. 지금 당신에게 필요한 것은 정보가 아닌 인식이며 타이밍이 아닌 올바른 방향이다.

불안한 법정 화폐를
안전한 자산으로 전환하라

지난 100년 사이 인류는 경제 실험을 했다. 금 본위제를 지나 무제한 발행 가능한 법정 화폐의 시대로 전환하며 세계는 통화 팽창이라는 거대한 조류에 휩쓸렸다. 미국의 달러가 대표적인 사례다.

성실히 노동하는 사람이 바보가 되고 있다

지난 세기 동안 달러는 금에 비해 가치를 99% 상실했다. 이는 달러로 표시된 금 가격이 100배 이상 상승했음을 의미한다. 많은 이가 이를 금의 희소성 때문이라고 여긴다. 그러나 현실은 그보다 복잡하다. 기술의 발달로 금 채굴과 정제의 생산성은 오히려 향상했다. 금 가격이 급등한 이유는 금이 특별해서가 아니라 달러가 점점 쓸모없는 존재가 됐기 때문이다.

주식 시장으로 시선을 돌려보자. S&P 500 지수는 미국을 대표하는 500대 기업으로 구성된다. 지난 100년간 달러는 이들 기업의 주가에 비해 가치를 99.8% 잃었다. 미국이라는 세계 최강국의 화폐인 달러조차 시간이 지나며 이처럼 가치를 상실하고 있다면 상대적으로 경제 기반이 약한 국가의 화폐는 어떨까? 대부분 법정 화폐의 가치 하락은 필연이다.

아르헨티나 페소는 이 문제를 극단적으로 보여 주는 사례다. 20년 전, 1달러는 1페소와 교환됐다. 2025년 7월 1일 이 비율은 1달러 대 500페소가 넘는다. 이는 페소의 가치가 1달러 대비 가치가 0.2%로 수축했다는 의미다. 돈을 모으고, 노동을 열심히 하고, 저축을 하는 것만으로는 부를 지킬 수 없는 시대가 도래한 것이다.

이런 상황은 개인의 문제가 아니다. 정부가 화폐를 발행한다는 것은 곧 그들이 국민의 자산 가치를 임의로 조정할 수 있다는 뜻이다. 화폐 발행으로 새로운 돈을 특정 집단에 배분하면 기존 화폐의 가치는 희석되고 그 부담은 대다수 국민의 몫이다. 이는 명백한 경제적 재분배이며 부의 강제 이전이라고까지 할 수 있다.

그렇다면 해답은 무엇인가? 안전한 자산으로 법정 화폐를 전환하는 것이다. 그 자산은 다음 다섯 가지 조건, 희소성, 높은 수요, 휴대성, 내구성, 관리 용이성을 충족해야 한다. 이 다섯 가지 요소를 모두 갖춘 자산은 많지 않다.

부동산은 가치가 높고 희소하지만 이동이 불가능하고 유지 비용이 높다. 언제든 현금화할 수도 없다. 이 기준에 부합하는 자산이 바로 비트코인이다. 비트코인은 이 다섯 가지 조건을 거의 완벽하게 충족하는 자산이다. 사토시 나카모토는 '변경 불가능하고, 중단될 수 없으며, 영구한 데이터 저장 시스템'을 만들었다. 이는 단순한 결제 수단을 넘어선 디지털 시대의 새로운 인프라다.

안전 자산 비트코인의 세 가지 역할

비트코인의 첫 번째 역할은 가치 저장 수단이다. 공급량이 수학적으로 제한된 비트코인은 전통적 화폐가 겪는 인플레이션에서 자유롭다. 디지털 금이라는 별명처럼 물리적 금보다도 더 안전하게, 더 빠르게, 더 효율적으로 보관과 이동이 가능하다. 은 같은 기존 자산은 이미 능가했으며, 이제는 금 시장에 도전하고 있다.

두 번째 역할은 거래의 매개체다. 라이트닝 네트워크 같은 기술은 비트코인의 확장성을 극적으로 개선한다. 수수료는 낮고, 속도는 빠르며, 지리적 제약도 없다. 오늘날 누군가는 1초 만에 아프리카의 거래 상대방에게 소액을 송금할 수 있다. 이것이 기존 금융 시스템과의 결정적 차이다.

세 번째 역할은 신뢰다. 비트코인은 신원 확인, 메시지 서명, 데이터 인증 등에서 강력한 기능을 제공한다. AI가 만든 콘텐츠와 인간이 만든 콘텐츠의 구분이 모호해지는 시대, 비트코인의 기술은 디지털 진위 확인의 최전선에 있다. 서명된 기록, 변경 불가능한 타임스탬프, 개인 키를 통한 검증은 우리가 디지털 시대에 신뢰할 수 있는 유일한 방법이다.

   이 모든 조건은 우리에게 단 하나의 메시지를 던진다. 화폐는 신뢰를 기반으로 운용돼야 하고 신뢰는 기술로 보장돼야 한다는 것이다. 과거에는 금이, 오늘날에는 비트코인이 그 역할을 한다. 법정 화폐의 시대는 끝나 가고 있다. 남은 질문은 하나다. 당신은 아직도 그것을 믿고 있는가?

누구도 절대적인 타이밍을 확신할 수 없다

많은 투자자가 최적의 진입 시점, 즉 타이밍을 잡기 위해 수많은 차트와 뉴스를 뒤적인다. 하지만 이런 시도는 대부분 헛수고에 불과하다. 특히 비트코인처럼 변동성이 높은 자산에서는 시장의 움직임을 정확히 예측하는 것이 불가능에 가깝다. 기술적 분석, 이동 평균선, 공포 탐욕 지수 등 다양한 도구가 존재하지만 이들조차 완벽한 해답은 아니다.

시장에는 항상 예측 불가능한 변수가 존재한다. 글로벌 경제 상황, 지정학적 리스크, 정책 변화 등은 예고 없이 시장을 흔든다. 그래서 단기 시황에 의존한 투자 전략은 매우 불안정하며 투자 성과를 장기적으로 유지하기 어렵다. 오히려 변동성에 휘둘리지 않고 꾸준히 자산을 모아 가는 전략인 달러 비용 평균법(Dollar Cost

Averaging), 즉 적립식 투자가 장기적으로 더 나은 수익률을 제공한다는 사실이 점차 입증되고 있다. 실제로 시장에서 고수익을 기록한 사람들은 타이밍을 맞히는 데 성공한 이들이 아니라 단단한 믿음을 갖고 가치 있는 자산을 보유한 사람들이었다.

이들은 기술적 분석보다는 철학과 비전에 근거해 투자 결정을 내렸다. 미래를 상상하고 그 가능성을 실현할 수 있는 자산에 장기적으로 투자한 것이다. 이는 비트코인에 국한되지 않는다. 애플, 테슬라, 그리고 엔비디아가 그 예다.

개미가 성공하는 유일한 길은 넥스트 애플을 찾는 것이다

가치는 단기적인 유행이 아니라 시간이 흐를수록 빛을 발하는 본질에서 나온다. 투자의 본질 역시 같다. 진정한 가치를 창출하는 투자는 미래를 내다보고 그 미래를 만들어 갈 자산에 장기적으로 투자하는 것이다. 〈포레스트 검프〉의 댄 중위가 애플에 투자했듯 우리는 '다음 애플'을 찾아야 한다. 단 그것은 일확천금을 노리는 것이 아니라 장기적인 안목과 끈기로 무장한 투자여야 할 것이다.

우리는 엄청난 수익을 올리는 트레이더들의 콘텐츠를 매일 접한다. 수억 원, 수십억 원을 굴리고 하루 만에 수천만 원을 버는 사례들은 매우 자극적이다. 매력적으로 느껴진다. 그러나 이런 트레이딩 방식이 과연 우리 같은 개미 투자자에게도 유효할까?

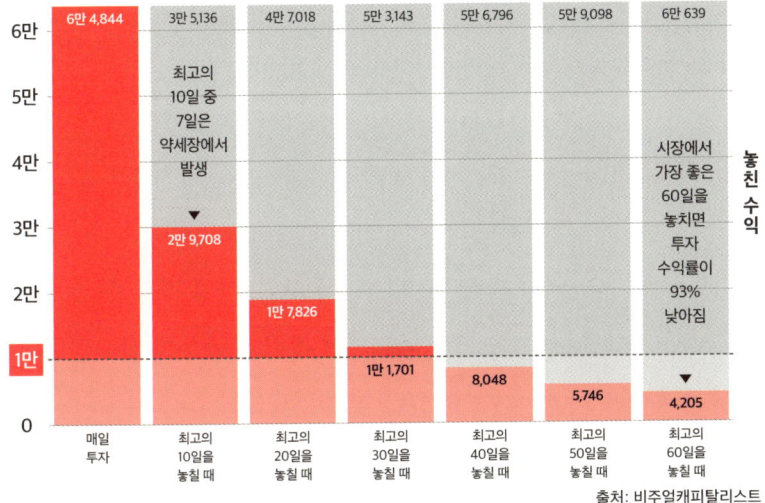

시장 타이밍에 드는 비용

단도직입적으로 말하면, 아니다. 대부분 사람에게 이런 방식은 감당할 수 없는 리스크와 스트레스를 가져올 뿐이다. 올바른 자산을 잘 골라서 오랜 시간 손에 쥐고 있는 것. 이것이야말로 시장의 급등락 속에서 승리할 수 있는 유일한 길이다.

한 가지 사례를 보자. 2003년부터 2022년까지 20년간 S&P 500을 단순히 장기 보유 형태로 투자했다면 수익률은 약 548%였다. 그러나 이 기간 가장 수익률이 좋았던 단 10일을 놓쳤다면 수익률은 197%로 떨어진다. 7,300일 중 단 10일을 놓쳤다는 이유로 5,000만 원이 사라지는 것이다. 더 충격적인 건 이 10일 중 7일이 하락장 중에 나왔다는 사실이다. 만약 40일, 60일을 놓쳤다면? 이제는 원금 보전도 어렵다. 20년간 넣어 둔 돈이 반토막 나거나, 10%도 남지 않는 비극이 펼쳐진다. 타이밍을 맞춘다는 것이 이렇게나 어렵다.

삶과 함께할
확실한 자산에 투자하라

비트코인 투자 역시 마찬가지다. 미래 화폐, 가치 저장 수단, 디지털 금으로 불리는 비트코인은 지금까지 폭락과 반등의 사이클을 반복하며 강인한 생존력을 입증했다. 특히 2017년, 2020년, 2024년, 반감기 이후 진입한 상승장은 개인이 시장이 타이밍을 맞히기 어렵다는 사실을 다시 한 번 증명했다. 그러나 수익을 얻는 건 늘 '보유하고 있던 사람들'이다.

즉 전업 트레이더가 아닌 이상 시장을 매일 쳐다보며 차트에 목숨을 거는 투자는 삶의 질을 파괴할 수밖에 없다. 투자는 삶의 일부일 뿐 전부가 돼서는 안 된다. 삶과 함께 성장하는 투자자가 돼야 한다.

그렇다면 어떤 자산에 투자해야 할까? 그리고 어떤 자산이 20년 후 우리의 삶과 함께할 수 있을까? 바로 비트코인이다. 비트코인은 이미 디지털 금으로 불린다. 그러나 금보다 더 유연하고, 더 안전하며, 더 쉽게 거래되고 저장된다. 20년 뒤의 세계는 지금보다 더 디지털화되고, 더 탈중앙화될 것이다. 그리고 그 중심에는 비트코인이 있을 가능성이 매우 높다.

우리는 이 흐름을 인식하고 미래를 함께할 수 있는 자산을 선택해야 한다. 인내와 믿음, 그리고 자기 삶을 중시하는 철학이 바탕이 돼야 한다. 시장을 매일 예측하려 애쓰기보다는 좋은 자산에 투자하고 자신의 삶을 가꾸는 데 집중해야 한다. 이것이 진정한 가치 투자의 길이며 우리가 실현할 수 있는 가장 현실적인 투자법이다.

투자라는 게임에서 가장 강한 전략은 시장에 오래 머무는 것이다. 하루, 한 달, 일 년 동안의 수익률이 아닌 10년 뒤의 나를 위한 투자가 이뤄져야 한다. 타이밍을 잡겠다는 환상에서 벗어나야 진정한 장기 투자가 시작된다.

당신이 비트코인을 비롯한 혁신 자산에 투자하려 한다면 반드시 이 교훈을 기억하라. 지금 시장이 오를지 내릴지는 아무도 예측할 수 없으며 또한 중요하지도 않다. 중요한 것은 내가 '올바른 자산을 확실하게 이해하고 있고, 그것을 꾸준히 모아 가고 있는가'다.

비트코인을 보유한다는 것은
돈을 버는 것 이상의 일이다

왜 우리는 비트코인을 단기 매매가 아닌 장기 보유의 대상으로 여기는가? 이는 비트코인의 희소성, 구조적 강점, 그리고 미래 경제에서의 잠재력에 대한 깊은 이해에서 비롯된다. 다시 한 번 정리해 보자면 다섯 요인이 있다.

비트코인이 살아남을 수밖에 없는 다섯 가지 이유

첫째, 비트코인은 엄격히 제한된 공급량을 지닌 디지털 자산이다. 총 발행량이 고정돼 있고, 주기적으로 반감기를 거치며 새로운 비트코인의 발행량이 줄어든다. 이런 희소성은 디지털 금으로서의 가치를 인정받게 만든다. 수요는 늘어나는데 공급은 제한되므로 장기 보유할 때 가치가 상승할 가능성이 높아진다.

둘째, 가격 변동성은 장기 보유자에게 오히려 기회가 된다.
비트코인은 극심한 가격 변동으로 악명 높았지만 단기 시세에 매몰되지 않고 긴 호흡으로 접근하면 하락장에도 저가 매수를 통해 수익을 극대화할 수 있다. 2017년과 2021년의 급락기를 견딘 이들이 결국 높은 수익을 기록했다는 사실은 믿음을 갖고 오래 보유하는 전략이 유효함을 보여 준다.

셋째, 인플레이션 헤지 수단으로서의 역할도 주목할 만하다.
비트코인은 중앙은행이나 정부의 통제에서 벗어난 탈중앙화 구조를 지닌다. 이는 인위적인 통화 팽창이나 정책 리스크로부터 자산을 보호하는 방패로 작용한다. 아르헨티나, 베네수엘라 등 초인플레이션을 겪는 국가에서는 이미 비트코인이 대안 화폐로 활용되고 있다. 이는 비트코인이 갖는 실질적 효용성을 입증한다.

넷째, 네트워크 효과와 기술 발전이 비트코인의 미래 가치를 끌어올린다.
시간이 지날수록 더 많은 사람이 비트코인을 인식하고 활용하게 되며 네트워크 효과가 증폭된다. 라이트닝 네트워크 같은 확장 기술은 거래 속도와 효율성을 높여 비트코인을 일상에서 결제 수단으로도 사용할 수 있게 만든다. 이렇게 진보하는 기술은 장기 투자를 뒷받침하는 핵심 요소다. 내일 비트코인을 쓰는 사람의 수가 오늘 비트코인을 쓰는 사람보다 많기 때문이다.

다섯째, 비트코인은 경제적 자유의 수단이라는 철학적 가치를 지닌다.

이는 단순한 투기 대상이 아니라 기존 금융 시스템이 갖는 한계를 보완하며 개인에게 재정적 자율성을 제공하는 새로운 패러다임이다. 중앙 통제가 없는 화폐 구조는 자산 몰수나 검열, 예금 동결 등의 위험에서 개인을 보호해 준다. 이런 철학적 기반은 장기 보유라는 투자 전략과 궤를 같이한다.

일희일비하지 않을 수 있는 단단한 자산에 투자해야 한다

결론적으로 비트코인을 장기 보유한다는 것은 단순히 높은 수익률을 기대하는 차원을 넘어선다. 이는 비트코인의 구조적 특성과 탈중앙화 철학, 그리고 미래 경제 질서에서의 위치를 고려한 전략적 선택이다. 일시적인 가격 변동에 흔들리지 않고 계속 보유하는 것이야말로 비트코인의 진정한 가치를 실현할 수 있는 길이다. 단순히 시간을 돈으로 바꾸는 일이 아니다. 불완전한 세상에 완전한 원칙 하나를 들여놓는 일이다. 하루의 뉴스와 한 주의 시세에 흔들리는 자산이 아니라 변하지 않는 것에 투자하는 선택이다. 세상의 구조가 바뀔 때 사람들은 늘 나중에야 눈을 뜬다. 먼저 알아차린 사람들이 먼저 나선다. 그리고 먼저 나선 사람들이 결국 규칙을 다시 쓴다.

오르내림에 눈을 뺏기면
방향을 잃는다

비트코인의 가격은 처음 접하는 이들에게는 롤러코스터 같다. 하루에도 수천 달러씩 오르내리는 그래프는 투자자의 심장을 쥐락펴락하는 감정의 제어 장치나 다름없다. 그러나 바로 이 변동성이야말로 비트코인이 투자 자산으로서 가지는 매력 중 하나다. 고수익을 노리는 투자자들에게 있어 높은 변동성은 잠재적 수익의 상징이며 실제로 비트코인은 지난 10년간 가장 수익률이 높은 자산으로 기록됐다.

시간이 흐르며 이 변동성이 줄어들고 있다. 2021년과 2025년을 비교하면 일일 가격 변화 폭이나 연간 최대 하락률에서 안정화 흐름이 뚜렷하다. 이는 비트코인 시장이 점점 더 성숙해지고 있다는 신호다. 거래량이 커지고, 참여자 수가 늘어나고, 기관 투자자들의 비중이 확대되며 가격은 이전처럼 급격히 움직이기보다는 점진적으로 안정세를 찾아가고 있다. 이런 안정화는 비트코인의 미래 가치 평가에 중요한 기반이 된다.

흔히 비트코인은 디지털 금으로 불린다. 금이 수천 년간 인간에게 안전 자산의 역할을 해 온 것처럼 비트코인은 디지털 시대의 새로운 안전 자산으로 자리 잡고 있다. 그러나 금과 달리 비트코인은 분할이 가능하고, 송금이 간편하며, 보관 비용이 들지 않는다. 이는 비트코인이 단순한 금의 대체재를 넘어 보다 유동적이고 실용적인 자산으로 자리매김할 수 있음을 의미한다.

돈나무 언니도 주목하는 비트코인의 찬란한 미래

가상의 시나리오를 상상해 보자. 비트코인의 시가 총액이 10조 달러에 도달한다면 1비트코인은 약 50만 달러의 가치에 해당한다. 더 나아가 전 세계 자산 시장에서 비트코인이 100조 달러 규모의 가치를 창출한다면 1비트코인의 가격은 500만 달러를 넘어설 수 있다. 이는 숫자 놀이가 아니다. 실제로 부동산, 채권, 주식 등의 전통 자산 시장에서 비트코인이 일정 비율을 흡수해 나간다면 실현 가능한 미래다.

이런 전망을 더욱 구체화한 것은 아크 인베스트의 보고서다. '돈나무 언니'로 불리는 캐시 우드가 이끄는 이 투자사는 매년 발간하는

'BIG IDEAS' 시리즈를 통해 기술 투자 방향을 제시해 왔다. 아크 인베스트의 2023년 보고서에 따르면 비트코인은 중앙 집중화 금융 시스템의 취약성을 대체할 수 있는 분산형 금융 네트워크로 주목받고 있다. 투명성, 감사 가능성, 탈중앙화라는 비트코인의 기본 철학은 글로벌 투자자들에게 매력적으로 다가간다.

비트코인의 성공은
낙관이 아니라 팩트에 기반한다

아크 인베스트는 세 가지 시나리오를 제시했다. 약세 시나리오에서도 2030년에는 비트코인의 가격이 25만 8,500달러에 도달할 수 있다고 봤으며, 기본 시나리오는 62만 2800달러, 낙관적 시나리오는 148만 달러에 달한다.

이는 단순히 가격 예측이 아니라 비트코인이 세계 자산 시장에서 어느 정도의 역할을 수행할지를 계산한 결과다. 비트코인이 국고 자산, 신흥국 화폐, 기업의 자산 포트폴리오, 개인 자산 관리 시장 등에서 차지할 비중을 모델링해 도출된 결과다.

특히 금시장을 대체할 수 있는 가능성이 가장 큰 성장 동력으로 분석됐다. 금의 현재 시가 총액은 약 15조 달러, 비트코인의 현재 시가 총액은 약 1조 달러다. 만약 비트코인이 금의 50%를 대체한다면 비트코인 가격은 약 35만 달러까지 상승할 수 있다.

이 모든 수치는 가정에 기반한 모델일 뿐이다. 그러나 중요한 것은 이 가정들이 막연한 희망이 아니라 실제 시장에서 진행 중인 변화들을 바탕으로 한다는 점이다. 비트코인 현물 ETF의 등장, 기업의 자산 배분 다변화, 정부의 디지털 자산 수용 등은 이 모델이 단순한 가상이 아니라는 것을 방증한다.

오늘 암호 화폐 거래소에서 가리키는 비트코인의 가격은 단지 숫자에 불과하다. 그것은 다가오는 새로운 질서의 서막을 알리는 징후이며, 변화의 서사에서 가장 앞에 놓인 문장이다. 부동산이 국경을 넘어 자산이 됐고, 금이 시대를 관통하며 신뢰의 상징이 됐듯, 비트코인은 외부 개입 없이 작동하는 최초의 탈중앙화 디지털 자산이다.

코드와 수학, 그리고 기관의 신뢰가 필요 없는 구조 위에서 돌아가는 이 시스템은 단순한 투자 대상이 아니라, 자본이 어디로 이동하고 있는지를 알려 주는 나침반이다. 숫자에 집착하는 사람은 변동성만 본다. 그러나 구조를 읽는 사람은 방향을 본다. 그리고 비트코인은 지금, 그 방향을 가리키고 있다.

비트코인을 사기 전
반드시 답해야 할 질문들

비트코인은 새로운 경제적 질서를 상징한다. 국경 없는 금융, 자유로운 가치 저장, 탈중앙적 네트워크 참여라는 새로운 질서 속에서 비트코인은 핵심 자산으로 자리 잡고 있다. 변동성은 줄어들고 있으며 시장은 점점 성숙해진다. 우리는 비트코인이 안전 자산으로 거듭나는 과정을 실시간으로 목격하고 있는 것이다.

미래의 어느 날, 비트코인이 전통 금융 자산들을 뛰어넘는 가장 안정적이고 유동적인 자산으로 평가받는 시점이 올 수 있다. 그때 우리는 오늘의 롤러코스터가 사실은 부의 추월 차선에 오른 고속 열차였음을 깨달을 것이다.

우리는 비트코인에 투자하기 전에 몇 가지 본질적인 질문을 던져야 한다. 단지 가격이 오를 것이라는 기대만으로 자산을 맡긴다면 불확실성과 변동성 앞에서 쉽게 흔들릴 수밖에 없다. 다음 질문들은 당신이 진정한 투자자인지, 아니면 단순한 투기자인지를 판별해 줄 기준이 될 것이다.

당신이 생각하는 비트코인은 투기 자산인가, 미래의 가치인가?

첫째, 비트코인을 믿는가?

이 질문은 '비트코인을 사고 싶은가?'가 아니다. 비트코인이 만들어 내는 새로운 화폐 시스템, 블록체인 기술, 탈중앙화된 금융 생태계에 대한 신뢰를 묻는 것이다. 비트코인은 정부의 통제에서 벗어난 금융 자율성의 상징이며 새로운 디지털 자산 시대를 여는 핵심이다. 이 시스템을 믿는가? 믿지 않는다면 지금 당장은 비트코인에 투자할 때가 아니다.

둘째, 비트코인이 사라질 수 있다고 생각하는가?

모든 자산은 사라질 수 있다. 하지만 중요한 건 '어떤 가능성이 더 큰가'이다. 비트코인은 10년 이상 버텨 온 디지털 자산으로, 각종 규제, 해킹, 부정적 여론에도 불구하고 점점 더 많은 기관과 개인 투자자들에게 받아들여지고 있다. 언젠가 이 자산이 사라질 것이라 생각한다면 투자 전에 다시 한 번 냉정하게 검토해야 한다.

셋째, 감당할 수 있는 손실 금액은 얼마인가?

비트코인은 고수익 가능성과 함께 변동성에 따른 고위험을 동반한다. 한 사이클에서 자산이 절반 이하로 줄어들 수도 있다. 따라서 자신이 감당할 수 있는 투자 금액의 범위를 명확히 설정하는 것이 필요하다. 생활비나 전 재산, 빚을 기반으로 한 투자는 철저히 배제해야 한다. 이는 재테크 조언이 아니라 생존을 위한 기본 원칙이다.

넷째, 장기 보유할 수 있는가?

비트코인은 단기적인 가격 움직임에 일희일비할 자산이 아니다. 진정한 투자자는 장기 보유의 철학을 이해하고 실천할 수 있어야 한다. 단기간의 수익이 아닌 5년, 10년 후의 가치를 바라볼 수 있는 안목이 필요하다. 비트코인의 가치를 신뢰한다면 하락장은 위기가 아니라 기회가 된다.

다섯째, 비트코인의 미래를 어떻게 보는가?

당신은 비트코인을 단순한 투기 대상으로 보는가, 혹은 진정한 금융 패러다임의 전환점으로 보고 있는가? 누군가는 비트코인을 '디지털 튤립', 한 순간 거품이 낀 후 사라질 존재라 말하기도 했지만 비트코인은 탈중앙화, 희소성, 디지털 자산으로서의 속성을 바탕으로 세계 금융 시장의 디지털 금이 됐다. 변화의 흐름에서 당신은 어떤 입장을 취할 것인가? 블랙록, 스트래티지 같은 글로벌 기관들이 비트코인을 포트폴리오에 담고 있다는 사실을 어떻게 해석할 것인가?

여섯째, 비트코인에 대한 나만의 확신이 있는가?

남의 이야기를 따라 투자해서는 안 된다. 비트코인에 투자하려면 나만의 공부와 믿음이 필요하다. 기술, 역사, 시장 흐름, 경제적 의미를 이해하지 못하면 하락장을 버티지 못하고 손절매한다. 공부한 만큼 믿음이 생기고, 믿음이 있을 때 장기 보유가 가능하다. 수많은 데이터, 비평, 전망을 종합해 당신만의 투자 논리를 구축하라.

비트코인을 사기 전 반드시 답해야 할 질문들은 결국 '내가 이 자산을 진정으로 이해하고 있는가?'로 귀결된다. 당신이 비트코인을 믿고 감당할 수 있는 수준에서 장기적으로 보유할 수 있다면 그 선택은 하나의 강력한 미래 자산으로 이어질 수 있다.

반대로 이 모든 질문에 확신 없이 '그냥 가격이 올라서', '돈을 한탕 벌고 싶어서'라는 이유만으로 투자한다면 비트코인은 당신에게 가장 위험한 도박이 될 수 있다.

결국 선택은 당신의 몫이다.

2장

비트코인은 언제, 얼마나 사야 효과적일까?

거치식, 적립식, 온체인 데이터를 활용한
비트코인 투자의 모든 것

비트코인을 믿지 않던 사람도 비트코인을 사고 있다

"우리는 지옥으로 가고 있는 통화에는 투자하지 않을 것이다."

가치 투자, 장기 투자의 구루 워런 버핏이 은퇴를 선언했다. 그는 2025년 5월 버크셔 해서웨이의 연례 주주 총회에서 은퇴를 밝히며 미국 정부의 과도한 지출과 무책임한 재정 정책이 달러의 가치를 훼손할 수 있다고 경고했다. 또한 "미국에서 어떤 일이 발생하면 우리는 다른 통화를 많이 보유하고 싶어질 수도 있다"라고 언급했다.

버핏은 벤저민 그레이엄의 가치 투자 이론을 계승했다. 그의 투자 이론은 간단했다. 그는 "실제 가치보다 저평가된 기업을 찾아 투자하는 것"을 목표로 삼았다. 그런 점에서 그의 철학과 비트코인은 오랫동안 어울리기 힘든 자산이었다.

비트코인은 전통적인 주식이나 채권과 달리 현금 흐름이나 배당금이 없기 때문에 일반적인 내재 가치 평가 방식으로는 직접 평가하기 어렵다. 실제로 버핏은 비트코인을 '쥐약'이라고 불렀고, 2023년 11월 별세한 그의 오른팔 찰리 멍거는 비트코인을 '쥐약의 제곱'이라고 칭하기도 했다.

찰리 멍거가 별세한 후, 2024년 1월 비트코인 ETF가 미국에서 승인되며 비트코인은 전통 금융 시장에 들어왔다. 비트코인에 매우 부정적이었던 버핏은 그의 마지막 주주 총회에서 "달러를 대체해 갖고 싶어질 통화"를 언급했고, 많은 사람은 버핏이 직접 언급은 피했지만 이 통화가 비트코인을 가리킨다고 추측한다. 그렇게 투자의 한 시대가 저물고 비트코인은 새로운 시대를 여는 돈이 됐다.

기업을 넘어 정부까지
비트코인에 눈을 돌리고 있다

"우리는 땅을 파서 금을 채굴한다. 그리고는 채굴한 금을 녹인 후 또 다른 땅을 파서 다시 보관한다. 누군가에게 돈을 주고 그곳을 지키게 한다. 이는 아주 쓸모 없는 일이다."

2020년 2분기, 버크셔 해서웨이는 캐나다 금광 업체 '배릭 골드'의 주식 약 2,090만 주를 매입해 약 5억 6,000만 달러 규모의 지분을 확보했다. 평소 금 투자 무용론을 펼쳐 왔던 버핏이 돌연 생각을 바꾼

것이다. 물론 이를 장기 보유하지는 않았지만 만약 금보다 좋은 가치 저장 수단이 있고 길게 봐야겠다는 확신이 있었다면, 버핏은 그의 투자 스타일대로 좋은 시점에 크게 투자했을 가능성이 크다.

또한 그는 "세상 모든 비트코인을 다 준다고 해도 25달러에도 사지 않겠다"라고 말했지만 그의 회사 버크셔해서웨이는 '제프리스 파이낸셜 그룹'이라는 회사에 투자하고 있기도 하다. 비록 전체 포트폴리오에서 차지하는 부분은 작지만 5,000개가 넘는 상장 회사 중에 선택받은 곳이라는 사실은 우리에게 시사점을 준다. 제프리스 파이낸셜 그룹이 비트코인 ETF인 'IBIT'에 한화로 1,000억 원이 넘는 돈을 투자하고 있기 때문이다. 즉 버핏은 비트코인에 간접 투자를 하고 있다고 볼 수 있다.

세계 최대 헤지 펀드 중 하나인 '브리지워터 어소시에이츠'를 운영하는, 《원칙》이라는 책으로 잘 알려진 레이 달리오 역시 최근 들어 비트코인에 대한 입장을 바꿨다. 그 역시 처음에 비트코인을 내재가치가 불명확하고, 투기 자산이며, 규제 리스크가 크다고 생각했다. 하지만 최근에는 "비트코인은 금과 같은 자산이다. 금을 대체하거나 보완할 가능성이 크다", "비트코인을 포트폴리오의 일부 비중으로 고려할 가치가 있다"라며 우호적으로 언급했다.

미국에서는 reserve(보유)라는 단어를 국가 차원에서 쓴다. 그런데 최근에는 나스닥 상장사인 스트래티지, 셈러 사이언티픽, 블록, 폴드 등 지속적으로 비트코인을 매입하고 보유하는 기업들이 늘어나고 있다. 그들 역시 비트코인을 일종의 '기업 보유 자산'으로 인식하기 시작한 것이다.

도널드 트럼프는 대선에 당선되기 전해 내슈빌에서 열린 '비트코인 2024 콘퍼런스' 참석 당시 실크로드 사건, 비트파이넥스 해킹 사건 등으로 압수한 약 20만 개의 비트코인을 팔지 않겠다고 선언했고, 올해 3월 이를 팔지 않고 보유하겠다는 행정 명령에 서명했다. 트럼프 행정부는 몰수한 비트코인을 '디지털 포트 녹스'에 보관하며 국가 준비 자산으로 취급했다. 백악관 디지털 자산 자문위원회 보 하인스 집행 이사는 포트 녹스의 금 보유량을 재평가해 얻은 재정으로 비트코인을 매입하자는 제안까지 내놓았다. 이는 실제 금을 매각하는 것이 아니라 금의 회계상 평가를 조정해 비트코인을 준비 자산으로 전환하는 방식이다.

포트 녹스에 보관된 금은 수십 년간 유통되지 않았고 독립 감사조차 받지 않은 '블랙박스 자산'인 반면 비트코인은 온체인에서 누구나 실시간 추적 가능한 '투명한 자산'이다. 금은 장부 조작과 파생 상품을 통해 통화 정책의 그림자로 사용됐지만 비트코인은 발행량이 고정돼 있고 누구도 조작할 수 없다.

만약 미국이 비트코인을 금의 대체 자산으로 축적하기 시작한다면 이는 비트코인이 투기 대상이 아닌, 제도권이 인정한 '디지털 준비 자산'으로 자리 잡는 역사적 전환점이 될 것이다.

또한 트럼프는 2025년 2월, "포트 녹스의 모든 것이 무사하길 바라지만 그곳에 금이 없다면 매우 화가 날 것"이라고 말했다. 미 재무부는 현재 포트 녹스에 4,583톤의 금이 저장돼 있다고 공시하고 있다. 이는 지금 가치로 4,340억 달러(약 620조 원)다. 그러나 포트 녹스에 대한 전체 실사는 1950년이 마지막이다.

대형 마트나 백화점의 매장 점장들은 매일 영업이 끝나고 재고를 맞춘다. 전산에 찍힌 재고와 실물이 일치하는지 확인한다. 하지만 점장들이 매일 일치 여부를 확인해도 분기나 연말에 본사 직원들이 나와 재고 실사를 하면 차이가 크게 발생한다. 제품의 재고 개수뿐만 아니라 보관, 배송, 반품 등 여러 상황 때문에 판매할 수 없는 제품들도 많이 나온다. 고작 하나의 매장에서 1년이라는 단위를 기준으로 해도 문제가 발생하는데, 1950년 이후로 재고 실사를 하지 않은 포트 녹스 속 금의 상태는 어떨까?

나는 미국은 금을 팔아 비트코인을 살 것이라 생각한다. 트럼프 임기 동안 비트코인은 금을 대체하는 지위를 점점 획득해 갈 것이다. 트럼프 행정부는 보유고의 장부 가치를 재평가하고 그 평가 차익을 활용해 예산 중립적으로 비트코인을 매입하자는 제안을 검토 중이다.

오늘 살 비트코인을 내일로 미루지 마라

현대 거시 경제학의 아버지로 불리는 경제학자 존 메이너드 케인스는 경제학자뿐만 아니라 투자자로도 활동했다. 그는 이런 말을 남겼다.

"사실이 바뀌면 나는 내 생각을 바꾼다. 당신은 어떻게 하겠는가?"

많은 사람이 비트코인을 '들어는' 봤다. 하지만 많은 사람이 비트코인을 '제대로 모른다'. 만약 이 책을 읽는 지금 '비트코인이 금을 대체할 새로운 가치 저장의 수단'이라는 것에 동의하기 힘들다면 이 책을 덮어도 좋다. 당신은 사실이 바뀌어도 생각을 바꾸지 못하는 사람이다. 당신은 투자하지 않는 편이 나을지도 모른다.

그러나 동의는 하지만 아직 투자가 망설여진다면 이 책을 끝까지 정독하라. 당신에게는 변화의 씨앗은 심겨 있는 셈이다.

버핏은 이렇게 말했다.

"시장에 언제 진입하느냐보다 시장에 얼마나 오래 있느냐가 중요하다."

만약 당신이 비트코인의 가치를 발견했다면 '사라'.
또한 당신이 비트코인의 가치를 발견했다면 '오래 들고 있어라'.

주위에 비트코인이 이미 늦었다고 이야기하는 사람들이 있을 것이다. 그런 사람들을 멀리해라. 2005년, 반포 래미안 원베일리의 전용 84㎡ 기준 재건축 추진 초기 시세는 10억 원 이하였다. 이후 분양 및 입주가 시작되자 가격은 20억 원이 됐다. 2025년, 가격은 35억 원에 달한다.

비트코인의 채굴 보상은 약 4년마다 반으로 줄어들며, 그 결과 2140년 경에는 신규 비트코인의 발행이 사실상 종료된다. 당신이 부자라서 돈 걱정이 없다면 이 책을 읽지 않아도 된다. 만약 지금 부자가 아니고 미래의 부자가 되기를 원한다면, 또한 당신의 자녀들이 부자가 되기를 원한다면 반드시 이 책을 읽어라. 미래의 부자는 비트코인에서 온다.

비트코인은 아직 늦지 않았다. 오늘 살 비트코인을 내일로 미루지 마라. 지금 바로 비트코인 투자를 시작하라.

거치식 투자,
가치를 읽었다면 목돈으로 매수하라

2013년 12월, 중국 인민 은행은 금융 기관의 비트코인 관련 서비스 제공을 금지했다. 이 조치로 중국 내 금융 기관들은 비트코인 거래소와 협력을 중단했고 이는 시장에 큰 충격을 줬다. 신규 자금 유입이 막힌 비트코인은 급락했다.

비트코인이 급락하자 한 투자자는 비트코인 포럼(bitcointalk.org)에 이런 제목의 글을 올렸다.

'I AM HODLING.'

그는 술에 취해 있었고, 'HOLDING'을 실수로 잘못 쓴 것이 'HODLING'이었다. 그런데 이 표현이 커뮤니티에서 밈으로 퍼지며 고유 명사가 됐다.

'필사적으로 매달려라(Hold On for Dear Life)'라고 해석되기도 하는 HODL은 이제 단순히 철자 오류가 아니라 비트코인 투자자들의 철학처럼 쓰인다. 'HODLer'는 장기 보유자(Long-term holder)을 지칭하는 표현이 됐고 비트코이너들은 "나는 시장의 공포와 급락에도 흔들리지 않고 HODL할 것이다"라며 비트코인 장기 보유 철학을 드러내고 있다.

장기 보유할 가치가 있는 유일한 자산은 비트코인이다

어떤 위기에도 겁먹지 않는 HODL은 사실 근거 있는 전략이다. 이 전략은 주식 시장의 '매수 후 보유(Buy and Hold)' 전략과 비교할 수 있다.

1930~1950년대 미국에서 경제 성장과 함께 주식 시장이 대중화됐던 때 가치 투자의 아버지 벤저민 그레이엄은 저평가된 주식을 매수하고 장기 보유할 것을 주장했다.

인덱스 펀드의 창시자 존 버글은 Buy and Hold를 일반 투자자의 기본 전략으로 추천하기도 했다.

가치 투자의 선구자 버핏은 "오래도록 좋은 기업이면 영원히 보유하겠다", "훌륭한 회사를 팔기 가장 좋은 때는 결코 없다"라며 자산을 매수한 후 장기 보유해 복리 효과를 누리는 전략을 설파했다.

국내 최초의 '비트코인 적립식 투자 설루션, 비트세이빙'이 개발되기 시작한 건 2021년 1월이었다. 나를 포함한 동료들은 이전부터 비트코인에 적립식 투자 개념을 적용했다. 처음 설루션을 개발하던 시기부터 2025년 5월 설루션을 운영하는 지금까지, 시중에 출간된 적립식 투자에 관한 책은 모두 읽었다.

그중 지금까지 교본처럼 활용하는 책이 있다. 바로 2004년 국내 최초 적립식 펀드를 선보인 미래에셋에서 펴낸《위기를 기회로 만드는 적립식 투자 성공 전략》이다. 미래에셋은 적립식 펀드를 통해 한국 투자자들에게 장기 투자의 힘과 복리의 마법을 보여 준, 국내 펀드 시장의 판도를 바꾼 대표 주자였다. 특히 2000년대 초반부터 적립식 펀드 시장을 선도하며 장기 투자 전략의 대중화를 이끌었다.

대표적으로 '미래에셋 인디펜던스 펀드'와 같은 장기 우량주 펀드들이 큰 성과를 냈고《미래에셋 글로벌 경제총서》와 같은 양질의 책을 출간하며 적립식 펀드 트렌드를 주도했다.《위기를 기회로 만드는 적립식 투자 성공 전략》에서 가치 투자, 장기 투자의 방법으로 비교하는 것이 거치식 투자와 적립식 투자다.

일단 비트코인을 샀다면
오래 보유하는 것만 생각하라

거치식 투자는 목돈을 한 번에 투자하는 전략이다. 거치식 투자가 빛을 발하는 순간이 있다. 만약 당신이 비트코인처럼 장기적으로 우상향하는 자산을 선별했고 특히 상승장에 거치식으로 투자했다면 수익률은 눈부실 것이다.

FTX 파산 여파로 시장이 얼어붙었던 2022년 12월 1일, 비트코인이 극심한 침체 국면에 있던 시점에 거치식으로 투자했다면 약 2년 반이 지난 2025년 5월 23일 기준으로 약 6.5배의 이익을 거둔 셈이다. 반면 비트코인 가격이 당시 최고치를 경신하며 과열 양상을 보이던 2021년 11월 1일에 투자했다면 FTX 파산과 연이은 하락장을 지나 가격이 회복되는 2024년 3월 1일까지 약 2년 4개월을 기다려야 했다.

비트코인 투자에서 오늘의 고점은 항상 내일의 저점이 된다. 그래서 내가 충분한 시간을 확보할 수만 있다면 비트코인 거치식 투자는 절대 실패하지 않는 투자법이다.

"누구도 비트코인을 4년간 보유해서 손해 본 적이 없다."

전 세계에서 비트코인을 가장 많이 보유한 스트래티지의 마이클 세일러 회장은 비트코인을 최소 4년 이상, 가능하다면 10년 이상 보유할 것을 권장한다. 그의 철학을 따라 스트래티지는 2025년 7월 기준 60만 개의 비트코인을 매입하며, 전 세계에서 비트코인을 가장 많이 보유한 기업으로 자리매김했다.

하지만 비트코인을 처음 투자하는 사람은 이런 전략을 사용하는 것은 매우 어렵다. 만약 2021년 11월 1일 비트코인에 투자했다면 가격을 회복하기까지 최소 2년 4개월을 기다려야 하는데, 비트코인을 처음 투자한 사람이 비트코인에 뚜렷한 확신을 갖기는 쉽지 않기 때문이다. 그렇다면 하락장처럼 마음이 흔들리는 순간에는 어떻게 해야 할까?

다음 장에서는 비트코인 투자 초보자를 위한 비트코인 거치식 투자 필수 원칙을 살펴보려고 한다.

거치식 투자,
언제부터 언제까지 투자할 것인가

거치식 투자는 목돈을 한 번에 투자하는 전략이다. 선택한 자산이 장기적으로 우상향할 것이라는 신념을 바탕으로 투자 금액의 대다수를 투입하는 방식이다. 비트코인을 팔지 않고 오랫동안 보유하려는 비트코이너에게는 마음 편한 투자 전략이며 반드시 승리하는 전략이기도 하다.

하지만 비트코인의 가격 변동성을 견디지 못하는 사람이라면, 비트코인 가격이 급격히 떨어지는 시기에 투자를 시작했고 비트코인에 대한 이해가 없는 사람이라면 쉽게 적용하기 어려운 투자 전략이다. 그래서 당신이 비트코인 투자 초보자라면 반드시 다음 사항을 점검해야 한다.

반드시 성공하는 타이밍은 있다

첫째, 투자 시점이 중요하다.

2025년 1월, 개그맨 황현희가 〈라디오스타〉에 출연했다. 그는 2014년 〈개그콘서트〉에서 하차했을 때 청춘을 다 바쳐서 사랑했던 일을 더는 할 수 없게 됐다는 걸 깨닫고 '소유할 수 있는 것을 소유하자'는 마음으로 투자 공부를 시작했다고 한다. 그가 부동산 투자를 시작했던 2016년은 소위 '부동산은 끝났다'는 얘기가 나오는 시점이었다. 모두가 '끝났다', '망했다'고 하는 그 시점에 그는 용기를 내서 부동산에 투자했다.

그의 저서 《비겁한 돈》에 나오는 투자 비결은 단순했다. 그는 투자자들이 환호하며 샴페인을 터뜨릴 때 투자를 삼갔다. 오히려 시장에 피가 낭자한 순간에 투자를 시작했다.

비트코인도 비슷하다. 가격이 급락하고, 많은 투자자가 크게 손실을 입고 있다며 울부짖고, 시장 전반이 공포와 패닉에 휩싸인 바로 그 순간에 거치식 투자를 시작하면 된다.

둘째, 유통 기한이 있는 돈을 성급하게 투자하지 마라.

피터 린치는 개인 투자자들에게 "주식에 투자한 돈은 10년 동안 돌아오지 않을 것이라고 생각하라"라고 말하기도 했다. 거치식 투자는 단기 자금으로 해서는 안 된다. 생활비, 병원비, 결혼 자금 등으로 자산을 중도에 회수한다면 결국 시장 변동에 굴복하는 것이기 때문이다.

　예를 들어 2021년 11월 고점(약 6만 9,000달러)에 자산을 전액 투자한 투자자가 2022년 말 현금이 급히 필요해 자산을 매도했다면 약 70%의 손실을 봤을 것이다. 반면 2025년 5월까지 기다릴 수 있었던 투자자는 약 78%의 수익을 기록한다. 거치식 투자의 유통 기한은 곧 '자산의 생존 가능 시간'이다. 버틸 수 없다면 아예 시작하지 않는 것이 낫다.

　셋째, 장기 투자하라.
　버핏은 1988년 코카콜라 주식을 대량 매입한 후 30년 넘게 보유하며 1,000% 이상의 수익을 얻었다. 그는 "내가 자산을 사는 건 10년 뒤에도 여전히 사고 싶을 만큼 확신이 있기 때문"이라고 말한다.
　인덱스 펀드의 아버지 보글은 "시장을 예측하지 말고 소유하라"라고 강조했다. 그는 수십 년 동안 S&P500 지수 ETF를 장기 보유하는 전략이 90% 이상의 액티브 펀드보다 성과가 우수하다는 사실을 입증했다. 장기 투자의 핵심은 '시간'이다. 시간은 리스크를 평준화하고 복리를 누적한다.

시장이 어지러울 때 고수들은 지갑을 연다

　버핏은 또 "남들이 탐욕스러울 때 두려워하고 남들이 두려워할 때 탐욕스러워져라"라고 말했다. 이 말은 시장에 피가 낭자할 때 오히려 기회를 포착하라는 의미이다.

누군가는 비트코인을 21세기의 디지털 튤립이라 욕하고, 현대판 폰지 사기라고 하고, 그림의 떡이라고 하고, 채굴이 환경을 파괴한다고 하고, 정부가 금지하면 끝이라고 하고, 해커의 장난감이라고 하고, 도박판이라고 하고, 고래들의 먹잇감이라고 하고, 가격만 요란한 쓰레기 코인이라고 할 것이다. 그때가 기회다. 그때 투자를 시작해야 한다.

거치식 투자는 단순해 보이지만 매우 전략적인 선택이다. 매수 시점의 타당성, 보유 기간의 자금 인내력, 자산에 대한 신념과 시간의 복리 효과를 믿는 투자 철학이 결합돼야 진정으로 성공할 수 있다.

투자는 결국 인간 본능과의 싸움이다. 모두가 환호할 때 사지 않고, 탐욕에 흔들리지 않으며, 지루함 속에서 시간을 믿고 존중하는 것. 고도의 인내심과 철저한 자기 절제야말로 비트코인 거치식 투자가 요구하는 덕목이다.

디지털 금보다 중요한 금, 시간의 힘

　세간에서 비트코인을 디지털 금이라고 표현하지만 비트코인과 금의 비교에 앞서 더욱 중요한 것이 있다. 바로 시간이다. 시간이야말로 진정한 금이라고 할 수 있다. 비트코인 업계는 매년 5월 22일을 '비트코인 피자 데이(Bitcoin Pizza Day)'로 부르며 기념한다. 사건의 시작은 이렇다.

　미국 플로리다에 거주하는 라스즐로 핸예츠는 2010년 5월 22일 비트코인 포럼에 다음과 같은 글을 남겼다.

　"누군가 피자 두 판을 보내 주면 1만 비트코인을 주겠다."

그러자 영국에 거주하던 비트코인 포럼 이용자 제레미 스터디번트가 제안을 받아들였다. 그는 라스즐로의 집으로 피자 두 판을 배달시켰고 대가로 1만 비트코인을 받게 된다. 1만 비트코인을 받은 제레미 스터디번트 또한 받은 비트코인을 여행 경비와 비디오 게임 구매 등 일상적인 소비에 사용하며 이를 장기간 보유하지 않았다. 비트코인 업계에 기념비적인 일로 남은 이 사건은 비트코인을 최초로 실물 결제에 활용한 사례로 기록된다.

1만 비트코인으로 피자 2판을 결제한 전설적인 사람도 있지만 2013년 페이스북 주식을 12만 비트코인으로 바꾸고 그중 대부분을 보유한 사람들도 있다.

'언제'보다 중요한 '얼마나 오래'

2003년 하버드대학교에서는 미래의 페이스북이 만들어지고 있었다. 윙클보스 형제는 하버드커넥션(Harvard Connection)이라는 소셜 네트워크 플랫폼 아이디어를 기획, 개발하고 있었다. 그들은 동문 마크 저커버그에게 개발을 의뢰했다. 저커버그는 프로젝트에 참여하며 자신의 소셜 네트워크 플랫폼인 페이스북을 별도로 개발하기 시작한다.

2004년 2월 저커버그는 하버드 학생들을 대상으로 페이스북을 런칭하며 큰 반향을 일으킨다. 윙클보스 형제는 저커버그가 자신들의 아이디어와 코드, 개발 자료를 무단 사용했다고 주장하며 소송을 제기했다. 2008년 저커버그는 합의금으로 당시 기준 현금과 페이스북 주식을 포함한 6,500만 달러를 지급한다. 이후 페이스북의 가치가 폭등하며 윙클보스 형제는 페이스북 주식으로만 수천만 달러 이상의 자산을 보유하게 됐고 이를 기반으로 비트코인 투자에 뛰어든다.

그들은 2012년부터 비트코인에 관심을 갖기 시작해 2013년에는 약 1억 2,000만 달러를 투자해 약 12만 개의 비트코인을 매입했다. 현재도 약 7만 개를 보유한 것으로 추정된다.

대부분 사람이 비트코인 투자에 있어 오해하는 것이 있다. '언제 투자했는지'보다 중요한 건 '얼마나 오랫동안 보유했냐'는 것이다.

나만의 자금으로
나만의 시간을 확보하라

사람들은 비교하길 좋아한다. '남의 떡이 커 보인다'는 말처럼 항상 다른 사람의 것과 자신의 것을 비교한다. '누가 비트코인으로 얼마를 벌었더라', '누가 뭐로 얼마를 벌었더라' 같은 말을 듣고는 덜컥 마음이 흔들린다. 남들과 비교하며 투자하면 자신만의 레이스를 할 수 없다. 그러나 비트코인 거치식 투자는 자신만의 금, 자신만의 시간을 반드시 확보할 필요가 있다.

2017년 12월, 사이클의 고점에 투자했다면 회복하는 데 36개월이, 2021년 11월, 사이클의 고점에 투자했다면 회복하는 데 28개월이 걸린다. 그러나 2017년 12월 투자했던 사람이 2021년 12월까지 4년을 홀딩했다면 투자 수익률은 327%가 된다. 하지만 그 사이 1년과 2년은 최대 마이너스 85%까지 하락을 맛보며 죽을 것 같은 기분을 견뎌야 한다. 그래서 거치식 투자는 고통스러울 때도 많다.

격투기 선수 출신 방송인 김동현은 2022년 비트코인 사이클 고점에 투자했던 대표적 인물이다. 그는 2025년 1월 유튜브 채널 〈지편한 세상〉에 출연해 "2022년에 말 그대로 생지옥을 경험했다"라며 본인의 거치식 투자 경험을 털어놓았다. '내 손 안에 들어온 비트코인은 죽어도 안 팔 거야' 하고 다짐했다가도, 죽을 만큼 싫은데 팔아야만 할 것 같은 상황을 맞이한다면 심정이 어떨까? 그런 상황에서 버틸 수 없다면 제대로 된 거치식 투자라고 할 수 없을 것이다.

목돈은 돈 중에서 힘이 가장 강한 돈이다. 크게 뭉쳐 있는 돈의 힘이 가장 강하다. 지금 당장 사용할 곳이 없는 여유로운 목돈이 비트코인 거치식 투자에 가장 알맞다. 거치식 투자에서 우리가 얻을 중요한 교훈은 바로 당장 필요하지 않은 목돈으로 투자하는 것이다.

적립식 투자,
상승과 하락을 이용한 현명한 투자법

적립식 투자는 자산을 일정한 금액씩 나눠 평균 가격으로 사 모으는 방식이다. 영어로는 Dollar Cost Averaging이라고 부르는데, 직역하면 '자산을 매수하는 비용(Dollar cost)을 평균화(Averaging)한다'는 뜻이다.

한국에서는 이를 '평균 단가 분할 매입법', '정액 투자법', '적립식 투자' 등으로 번역하고는 한다. 비록 표현이 조금은 딱딱하게 느껴질 수 있어도 평균 단가 분할 매입법이 원래의 의미를 가장 잘 전달한다고 본다.

지금까지 비트코인 업계에 있으며 가장 많이 받은 질문은 다음과 같다.

"앞으로 비트코인 가격은 어떻게 될까요?"

"지금 투자해도 괜찮을까요? 아니면 조금 기다렸다가 가격이 더 떨어지고 들어가는 게 나을까요?"

그런데 과연 완벽한 타이밍이란 건 존재하는 것일까?

타이밍을 알 수 없을 때는
꾸준함을 무기로 사용하라

우리는 반드시 시장 타이밍에 대한 본질적인 질문을 던져야 한다. 과연 개인이 시장의 미래를 예측할 수 있을까? 결론부터 말하자면 시장 예측은 어디까지나 예측일 뿐 현실의 영역이 아니다. 미래의 가격 움직임은 그 누구도 정확히 알 수 없으며 단기적인 오르내림에 흔들리다 보면 오히려 큰 기회를 놓치는 경우가 많다.

지난 16년여간 비트코인의 가격 변동을 살펴보면 단순히 숫자가 오르락내리락한 기록이 아닌 우리에게 깊은 통찰을 주는 교훈의 연속이었다. 이 오랜 시간 동안의 가격 움직임은 투자자들에게 무엇을 말해 주고 있을까? 그리고 우리는 이 흐름 속에서 어떤 태도로 투자에 임해야 하는 걸까? 이 질문에 대한 답을 찾는 과정에서 우리는 투자자로서의 중요한 지혜를 얻을 수 있을 것이다.

첫째, 시장 타이밍을 맞추려고 애쓰는 것보다 차라리 단순하고 꾸준한 투자법이 시장에서 더 좋은 성과를 거둔다는 사실이다.

　이론적으로야 싸게 사서 비쌀 때 파는 것이 최고의 전략일지 모르지만 실제로는 그 시점을 정확히 맞추는 것은 불가능에 가깝다. 결국 가장 좋은 투자법은 가장 단순한 투자법이다. 그저 매일, 매주, 매월 일정 금액을 정해 놓고 성실하게 적립식으로 투자하는 것, 이 원칙 하나만 제대로 지켜도 비트코인 투자에서 실패할 확률이 크게 줄어든다.

　둘째, 적립식 투자자에게 시장의 변동성은 오히려 든든한 동반자라는 점을 기억해야 한다.

　시장은 항상 오르고 내리며 움직인다. 변화를 완전히 통제하거나 예측하는 것은 인간의 힘으로는 불가능하다. 우리가 할 수 있는 것은 시장에 내재하는 불확실성을 받아들이고 나만의 투자 원칙을 지키며 생존해 나가는 것뿐이다.

　가격이 오를 때 급히 매수하고 하락할 때 불안해서 매도하는 '흔들리는 투자'가 아닌 정해진 금액을 꾸준히 투자하며 시장의 상승과 하락을 자연스럽게 흡수하는 적립식 투자야말로 변동성이라는 파도를 타고 나아갈 수 있는 '단단한 투자'라고 할 수 있다.

　셋째, 적립식 투자는 강하다.

　만약 당신이 2018년 비트코인 가격이 폭락하던 때, 고점 2만 달러를 찍었다가 3,000달러 대로 떨어졌을 때 매달 일정 금액을 적립식으로 투자했다면, 당신은 단기적인 손실과 공포 속에서도 투자를 멈추지 않았을 것이다. 그리고 몇 년 후 비트코인이 다시 6만 달러를 넘어서는 시점에 이르면 초기의 손실은 오히려 저점 매수의 기회였다는 것을 깨달았을 것이다.

만약 2022년부터 2023년까지 이어진 소위 '크립토 윈터(Crypto Winter, 단순한 가격 급락 현상에서 나아가 암호 화폐 시장에 투자된 자금 자체가 빠져나가며 거래량이 장기간 저조해지는 현상)' 기간에 매달 일정 금액을 묵묵히 투자해 온 사람들은 시장이 회복하며 다시 강한 상승세를 보였을 때 한 번에 투자했던 사람보다 더 많은 수익을 얻게 된다. 이는 적립식 투자가 시장의 변동성 속에서도 꾸준히 저가에 매수를 해 주며 결과적으로 투자 자산의 평균 매입 단가를 낮추기 때문이다.

이처럼 적립식 투자는 단순히 안전한 방법이 아니라 시간을 아군으로 만들어 주는 강력한 전략이다. 변동성은 우리를 속이려 하지만 적립식 투자는 그 속임수마저 기회로 바꿔 준다. 복잡한 시장 예측이나 차트 분석 없이 매일, 매주, 매달 일정 금액을 꾸준히 투자한다는 원칙만 지키면 된다. 이 단순함이야말로 투자에서 가장 강력한 무기가 된다.

비트코인 투자에 관심이 생겼다면 즉시 시작하라

　비트코인은 다른 암호 화폐나 자산과는 달리 흥미로운 특성을 갖고 있다. 바로 반감기라는 기술적 요인이다. 비트코인은 대략 4년마다 공급량이 절반으로 줄어드는 반감기를 맞는데, 약 4년 주기로 가격의 흐름이 크게 형성된다. 사례를 보면 2013년, 2017년, 2021년은 강세장이었고 그 외의 기간은 대체로 조정 또는 하락세를 보였다. 비트코인의 이런 순환 주기는 투자자들에게 매력적인 기회로 다가온다.

　일반적으로 장기 투자라 하면 최소 두 번의 사이클을 겪어야 한다. 비트코인을 기준으로 본다면 이는 약 8년의 시간을 의미한다. 다만 비트코인은 등장한 지 약 15년밖에 되지 않았기에 8년 동안 적립식으로 투자한 사람은 매우 찾아보기 힘들 것이다. 4년 정도를 적

시작 시기	MKRV	1년	2년	3년	4년	3배 수익률 (도달 시점)	3배 (200%) 수익률 (도달 기간)
2016.1.1	1.44191529	64.69%	1901.78%	226.12%	391.40%	2017.05.19.	16개월
2016.7.1	1.89489678	185.07%	333.23%	452.90%	227.49%	2017.07.28.	13개월
2017.1.1	2.30792403	702.19%	33.60%	100.31%	659.43%	2017.10.15.	10개월
2017.7.1	2.67497875	13.38%	100.92%	44.39%	355.03%	2017.12.09.	5개월
2018.1.1	2.72625214	-39.78%	14.59%	328.40%	395.24%	2020.12.21.	34개월
2018.7.1	1.24521623	104.58%	40.22%	321.95%	85.37%	2020.12.20.	29개월
2019.1.1	0.87135999	14.47%	253.34%	348.94%	34.18%	2020.12.22.	23개월
2019.7.1	2.08216028	6.72%	188.06%	33.24%	85.53%	2021.1.4.	18개월
2020.1.1	1.29266855	187.16%	182.82%	-10.38%	111.60%	2021.1.6.	12개월
2020.7.1	1.58837834	80.69%	-23.11%	22.87%	164% (3.6년)	2021.2.10.	7개월
2021.1.1	3.16093718	2.97%	-48.17%	44.30%	119% (3.2년)	미도달	
2021.7.1	1.72898806	-51.88%	7.91%	131% (2.6년)		미도달	
2022.1.1	1.95052858	-33.52%	60.60%	150% (2.2년)		미도달	
2022.7.1	0.86387635	39.62%	166% (1.6년)			미도달	
2023.1.1	0.84089106	52.62%	130% (1.2년)			미도달	

출처: 비트세이빙

기간별 비트코인 적립식 투자 수익률 (2025년 6월 7일 기준)

립식 투자한 사람을 예시를 들어 보면 좋을 것 같다.

시뮬레이션 결과는 흥미롭다. 2015년 1월 1일부터 매주 일정 금액을 비트코인에 투자했다면 4년 후인 2018년 12월 31일에 무려 479%의 수익률을 기록하며 연평균 복리 수익률(CAGR)은 55.12%에 달한다. 2016년과 2017년에 투자한 경우에도 각각 404%와 438%의 수익률을 기록했다.

2019년, 2020년에 시작한 투자도 주목할 만한 성과를 보인다. 2019년 1월 1일에 투자를 시작한 투자자는 4년 후 35%의 수익을 얻

진입 시점	종료 시점 (4년)	최종 수익률	연간 수익률(CAGR)
2015.1.1. (회복1)	2018.12.31.	479%	55.12%
2016.1.1. (회복2)	2019.12.31.	404%	49.8%
2017.1.1. (상승장 시작)	2020.12.31.	438%	52.3%
2018.1.1. (하락장 시장)	2021.12.31.	443%	52.7%
2019.1.1. (회복1)	2022.12.31.	35% 555%(~21.11, 35개월)	7.8% (91.2%)
2020.1.1. (회복2)	2023.12.31.	115% 417%(~21.4, 16개월)	21.1% (243.9%)
2021.1.1. (상승장 시작)	2024.3.31. (현재)	120% (39개월)	21.46%

출처: 비트세이빙

적립식 투자를 4년 했을 때 수익률

었고, 2020년에 투자를 시작한 투자자는 4년 후 115%의 수익률을 기록한다. 이 경우는 과거 사례보다 낮아 보일 수 있지만 이 또한 35개월 차에 555%, 16개월 차에 417%라는 큰 상승 구간을 경험했다는 점에서 의미가 깊다. 그리고 가장 최근 2021년 1월 1일에 시작한 투자의 성과 또한 2025년 1월 기준으로 여전히 집계 중이지만 역시 인상적인 흐름을 보이고 있다.

조정과 하락을 버티면 회복과 상승이 온다

데이터는 단순하지만 강력한 진실을 보여 준다. 비트코인 적립식 투자는 시장의 단기 변동성에 크게 휘둘리지 않으며 장기적으로는 상당히 높은 수익률을 제공한다는 것이다. 특히 비트코인의 공급 구조와 시장 사이클의 특성을 이해하고 이를 수용하며 꾸준히 투자한 다면 심각한 하락장에서도 결국에는 회복과 상승의 기회를 맞을 가능성이 높다는 것이다.

결국 언제 시작하든 상관없다. 비트코인에 관심이 생겼다면 지금 바로 시작하는 것이 가장 좋다. 공부를 다 끝내고, 시장 분석을 완벽하게 마치고 완벽히 준비한 다음에 시작하려는 마음은 결국 타이밍을 놓치는 원인이 된다. 조금이라도 관심이 생겼다면 소액부터, 부담되지 않는 금액으로 적립식 투자를 시작하자. 너무 늦게 뛰어들어 부랴부랴 한꺼번에 큰돈을 넣는 실수를 피하려면 처음부터 작은 금액으로 차근차근 적립해 나가는 것이 중요하다.

투자가 뜻대로 흘러가지 않는다면 잠깐 쉬어 가도 된다. 중요한 건 언제든 다시 시작할 수 있다는 점이다. 설령 그 사이 가격이 떨어지더라도 적립식 투자의 평균 단가 분할 매입 효과 덕분에 손실은 감당할 수 있는 수준일 가능성이 높다. 오히려 가격이 내려갈 때는 더 많은 비트코인을 살 수 있다는 점에서 기회가 된다. 비트코이너들이 가격이 크게 하락할 때 차분함을 유지하는 이유도 바로 이 때문이다.

루나 사태, FTX 파산, 2022년의 70~80% 하락장 등 다양한 위기 속에서도 비트코인 적립식 투자자들은 오히려 담담하게 비트코인을 모았다. 과거의 데이터가 미래를 정확히 예측해 주지는 못한다. 하지만 투자 기간에 대한 숫자들이 우리에게 주는 중요한 교훈을 간과해서는 안 된다. 교훈은 명확하다. 최소 2년에서 4년 이상으로 투자

기간을 잡아라. 이 정도의 기간을 적립식 투자에 할애한다면 큰 수익을 거둘 가능성이 매우 높아진다.

비트코인은 매일매일의 가격 변동에 일희일비할 필요가 없다. 짧은 기간의 오르내림에 휘둘리기보다 적어도 2년에서 4년 정도의 긴 안목을 갖고 시장 상황과 관계없이 묵묵히 비트코인을 꾸준히 적립해 나가는 것이 핵심이다. 이런 단순하지만 강력한 전략이 결국 시장의 파도를 타고 넘어가는 가장 현명한 방법이다.

적립식 투자,
거장들에게 배워라

　소프트뱅크 그룹의 창립자이자 회장 손정의는 2017년 말 개인 자산을 비트코인에 투자했다가 약 1억 3,000만 달러(약 1,700억 원)의 손실을 입은 것으로 알려져 있다. 그는 2017년 비트코인 가격이 약 2만 달러에 근접하던 시점에 투자를 시작했다. 이 투자는 당시 소프트뱅크가 인수한 자산 운용사 포트리스 인베스트먼트 그룹의 공동 회장인 피터 브리거의 권유에 따른 것으로 알려져 있다. 그러나 2018년 초 비트코인 가격이 급락하며 그는 엄청난 손실을 보고 투자를 청산했다. 남의 말을 듣고 투자한, 자기 확신이 없는 투자는 'Buy and Hold'를 할 수가 없다.

　이후 꽤 시간이 흘러 그는 다시 비트코인 투자에 도전한다. 소프트뱅크는 2025년 4월, 테더, 비트파이넥스, 칸토 피츠제럴드와 함께 비트코인 투자 회사인 '트웬티원 캐피탈'을 설립한다. 회사는 초기 물량으로 4만 2,000개의 비트코인을 투자·보유하며 계속해서 비트코인 관련 사업을 추진하고 있다.

굴지의 기업들은 어떻게 비트코인을 모으는가

트위터(현 X) 창업자 잭 도시가 설립한 블록(전 스퀘어) 또한 비트코인을 기업 재무 자산의 일부로 보유하는 전략을 채택하고 있다. 2020년 10월, 블록은 처음으로 5,000만 달러 규모의 비트코인을 매입했다. 2021년에는 추가로 약 1억 7,000만 달러 상당의 비트코인을 매입하며 비트코인 중심 전략을 강화했다.

잭 도시는 비트코인을 "인터넷의 본질적인 화폐"라고 언급하며 블록의 재무 전략뿐 아니라 블록의 서비스(캐시 앱, TBD 등)와도 긴밀히 연결했다. 현재 블록은 비트코인 보유를 넘어 비트코인 생태계의 인프라를 구축하는 데까지 전략적 포커스를 맞추고 있다. 또한 블록은 2024년 4월부터 비트코인 관련 제품에서 발생한 월간 총 이익의 10%를 비트코인 구매에 할당하는 적립식 투자를 실행하고 있다. 이 전략은 비트코인의 가격 변동성에 관계없이 매월 일정 금액을 투자해 장기적인 평균 매입 단가를 낮추는 것을 목표로 한다.

또 한 명의 전설적인 인물 마이클 세일러는 2020년 8월, 당시

CEO로 재직하던 마이크로스트래티지(현 스트래티지)를 통해 비트코인에 대한 대규모 투자를 시작했다. 회사의 현금 보유 자산을 인플레이션으로부터 보호하기 위한 결정은 2억 5,000만 달러를 투입해 2만 1,454개의 비트코인을 매입함으로써 시작됐다.

물론 그도 처음부터 비트코인에 확신한 것은 아니었다. 그는 비트코인 회의론자였다. 2013년 12월 "비트코인은 단지 온라인 도박에 불과하다"라고 폄하하기도 했었다. 그러나 2020년 비트코인의 가치를 깨달은 뒤 마이크로스트래티지는 비트코인을 주요 자산으로 삼는 전략을 지속적으로 확대했다. 회사는 주식 및 채권 발행을 통해 자금을 조달하며 비트코인 매입을 이어 갔다. 2025년 2월, 마이크로스트래티지는 사명을 스트래티지로 변경하고 회사의 새로운 로고에 비트코인을 상징하는 'B'를 넣으며 비트코인 중심의 기업 전략을 더욱 명확히 했다.

물론 그들의 전략이 처음부터 빛을 발한 건 아니었다. 특히 초기 투자 시점과 이후 몇 차례의 시장 조정 기간 주가의 낙폭은 상당히 심각한 수준이었다. 비트코인 보유 전략을 시작한 지 얼마 되지 않아 가격이 약 1만 1,000달러에서 9,000달러로 하락하며 약 4,000만 달러의 손실이 발생했고 주가도 하락세를 보였다. 이 시점에서 일부 이사회 구성원들은 우려를 표명하며 "우리는 모두 고소당할 것이다"라는 반응을 보이기도 했다.

2022년 말, 암호 화폐 거래소 FTX의 붕괴로 인해 비트코인은 1만

7,000달러 이하로 급락했고 스트래티지의 주가는 약 17달러까지 하락하며 당시 평균 비트코인 매입가인 약 3만 달러에 비해 상당한 손실을 기록했다. 회사의 재무 건전성에 대한 우려가 제기됐고 회사가 파산할 수 있다는 루머도 돌았다.

하지만 회사는 비트코인을 절대 팔지 않으며 비트코인 재무 전략을 유지했다. 결국 스트래티지는 2020년 8월 비트코인을 주요 재무 자산으로 채택한 이후 2020년 8월 31일부터 2025년 5월 29일까지 26.7배의 주가 상승을 기록했다.

2025년 7월 스트래티지는 약 60만 개의 비트코인을 보유하고 있다. 이는 전체 비트코인 공급량의 약 2.7%에 해당하며 평균 매입 가격은 약 7만 달러로 추정된다.

스트래티지의 비트코인 투자는 마치 거대한 적립식 투자와도 같다. 그들은 비트코인을 한 번에 몰아서 사지 않고 매년 때로는 매 분기마다 자금을 조달해 비트코인을 조금씩 조금씩 쌓아 가는 방식을 선택했다.

마치 개인 투자자가 매달 급여의 일부를 비트코인에 투자하듯 스트래티지는 회사의 자산을 꾸준히 비트코인으로 전환했다. 특히 시장이 급락하거나 투자자들이 두려움에 휩싸일 때도 멈추지 않고 비트코인을 매입했다. 이런 전략은 단기 시장의 오르내림에 휘둘리지 않고 오히려 장기적인 성장의 기회를 확보할 수 있다.

스트래티지와 마이클 세일러에게 배우는
투자 철학

스트래티지는 비트코인 가격이 크게 하락했을 때 비트코인을 꾸준히 매입하며 평균 단가를 낮추는 효과를 봤다. 이는 적립식 투자자가 시장 하락기에 더 많은 비트코인을 확보하며 장기 성장에 대비하는 모습과 닮아 있다. 결국 스트래티지의 전략은 '시장은 예측할 수 없지만 시간은 우리 편'이라는 적립식 투자의 철학과 맞닿아 있다. 한 번에 큰돈을 걸지 않고 꾸준히 자산을 쌓아 가는 방식은 기업의 자산 배분 전략에도 적합했다. 스트래티지는 비트코인의 장기적 잠재력을 믿고 이를 회사의 핵심 자산으로 삼아 복리의 힘을 극대화하고 있다. 물론 스트래티지 주식을 모으는 것보다 비트코인을 사는 것이 훨씬 안전하다.

스트래티지 주식은 비트코인 가격뿐만 아니라 회사의 경영, 재무 구조, 부채 상황, 경영진의 판단에 영향을 받는다. 예를 들어 부실한 대출, 파생 상품 리스크, 소송 문제 등이 발생하면 주가는 큰 타격을 받을 수 있다. 스트래티지는 비트코인 매입 자금을 위해 채권을 발행하거나 대출을 받는 등 레버리지를 사용한다. 비트코인 가격이 급락하면 마진 콜이나 채무 불이행 가능성이 있다. 결국 주식은 SEC(미국 증권거래위원회), 주식 시장 규제, 회계 규정 등 다양한 법적 리스크에 노출된다. 반면 비트코인을 직접 보유하면 이런 차원의 문제에서 자유롭다.

최근에는 스트래티지의 전략을 참고해 비트코인을 매수하는 상장

사들이 늘어나고 있다. 하지만 이들 중 상당수는 비트코인을 한 번에 대량으로 매수하거나 몇 차례에 걸쳐 제한적으로 매수하는 경우가 많다. 이런 기업들에 대한 투자는 추천하지 않는다. 해당 기업들은 비트코인의 가격이 급격히 하락할 때 쉽게 매도할 가능성이 높다. 비트코인을 장기적인 관점에서 투자할 준비가 됐는지에 대한 의문도 든다. 또한 앞으로도 단순히 단기적인 주가 부양을 노리고 비트코인을 매수하는 기업들이 많아질 것으로 예상된다.

따라서 비트코인 기업이 아니라 순수하게 비트코인에 투자하는 것이 가장 확실하고 안전한 투자법이다. 스트래티지가 다양한 자금 조달 방법을 통해 비트코인을 사는 것처럼 우리도 목돈과 월급을 통해 비트코인을 적립식으로 사고 장기적으로 보유하자.

온체인 데이터로
시장의 공포와 탐욕을 읽어라

오늘의 비트코인 가격이 10억 원이라고 가정해 보자. 당신은 이를 싸다고 생각하는가, 아니면 비싸다고 생각하는가? 만약 시장이 과열돼 대부분 사람이 앞다투며 비트코인을 사들이고 있는 상황에 10억 원이라는 가격에 도달했다면 그 가격은 분명 과열된 가격일 가능성이 크다.

반면 시장에 큰 관심이 사라지고 사람들의 시선이 비트코인에서 멀어져 있는 상황에 1억 원의 가격이 지속적으로 유지된다면 그 가격은 과열되지 않은 가격일 가능성이 높다. 이때 비트코인은 앞으로도 일정 기간 해당 수준에서의 가격대를 유지할 가능성이 크다.

이처럼 시장의 기회와 과열을 데이터를 통해 객관적으로 판단할 수 있다면 투자에 활용하기 매우 유용할 것이다. 비트코인은 블록체인 네트워크에서 발행된 돈이다. 온체인 데이터는 블록체인에서 발생한 트랜잭션에 대한 기록이다. 사람들은 다양한 방식으로 블록체인 네트워크에 데이터를 남긴다.

비트코인을 주고받거나, 스마트 계약을 실행하거나, 특정 지갑에 자산을 보관하는 등의 행동들은 모두 블록체인에 기록된다. 이런 모든 트랜잭션을 온체인 데이터라 부른다. 즉 비트코인의 움직임과 시장 참여자의 행동은 블록체인에 남아 있는 데이터를 통해 누구나 투명하게 파악할 수 있다. 그렇다면 시장의 움직임이 고스란히 담긴 온체인 데이터 지표를 투자에 활용할 수는 없는 걸까?

차트와 흐름을 읽는 세 가지 핵심 지표

시장에 공개된 다양한 온체인 데이터 지표들은 목적과 관점에 따라 수백 가지에 이를 정도로 많다. 또한 개별 투자자들도 쉽게 접할 수 있도록 온체인 데이터를 분석해 주는 다양한 서비스들이 점점 더 많이 등장하고 있다.

온체인 데이터는 그 양이 방대하고 복잡하다. 하지만 수많은 지표를 얕게 아는 것보다는 핵심적인 몇 가지 지표를 깊이 이해하고 잘 활용하는 것이 훨씬 더 중요하다. 핵심 지표들 중 MVRV, 단기 SOPR, Puell multiple을 살펴보자.

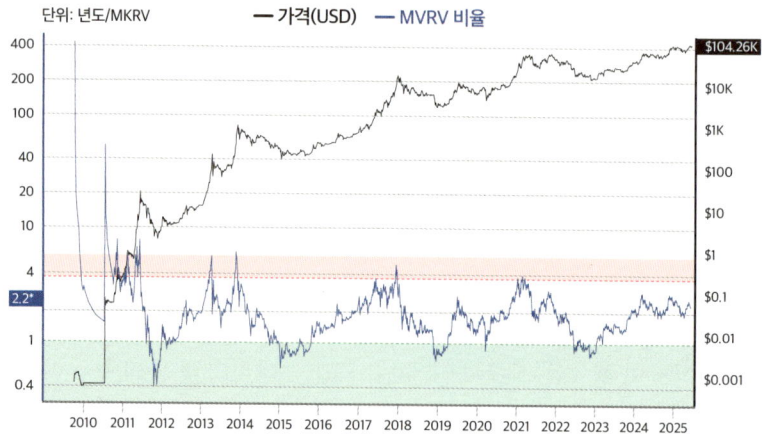

비트코인 MVRV 비율

　MVRV 비율은 시장 가치(Market Value)와 실현 가치(Realized Value)의 비율을 나타내는 지표다. 시장 가치는 현재 시세를 기준으로 모든 비트코인을 평가했을 때의 총 가치, 즉 비트코인의 시가 총액을 의미한다. 반면 실현 가치는 각 비트코인이 마지막으로 이동했을 때의 가격을 기준으로 계산한 총 가치다. 다시 말해 '투자자들이 비트코인을 마지막으로 매수했던 가격을 기준으로 한 평균 매입 금액'이라고 볼 수 있다.

　MVRV 비율은 시장 가치를 실현 가치로 나눈 값이다. 이 비율을 통해 우리는 시장이 과열 상태인지 혹은 저평가 구간에 있는지 파악할 수 있다. 예를 들어 MVRV 값이 2라면 모든 투자자들이 평균적으로 약 2배의 수익을 보고 있다는 뜻이고 MVRV 값이 0.8이라면 평균적으로 20%의 손실을 보고 있다는 뜻이다. MVRV 값이 1에 근접한다면 투자자들이 평균적으로 본전을 유지하고 있다는 의미가 된다.

MVRV 2.6 이상: 고점에 근접

과거 많은 비트코인 관련 책과 자료들은 MVRV가 3.5~3.7에 도달했을 때를 고점 신호로 설명했지만, 2024년 1월 미국에서 비트코인 현물 ETF가 승인된 후 시장의 성격과 규모가 크게 바뀌었고 그 이후로는 MVRV가 3.0을 넘은 적이 없다. 따라서 MVRV가 2.6 이상에 도달하면 고점에 근접한 신호로 판단할 수 있을 것이며 이 수치 또한 절대적이지 않고, 향후에 변할 수 있다는 점을 유의해야 한다.

MVRV 1.8 이하: 저점에 근접

비트코인 ETF가 승인된 시점은 비트코인 사이클의 상승장이었기 때문에 MVRV가 1.0 밑으로 떨어진 적이 없다. 2024년 1월~2025년 7월까지는 MVRV 1.8 근처가 바닥에 근접한 시기였다. 물론 이는 상승장에 국한한 경우이며 MVRV는 지난 사이클처럼 하락장에 1.0 근처까지 다시 떨어질 수도 있다.

MVRV 비율은 시장의 과열과 저평가 국면을 구분하는 유용한 지표다. MVRV 값이 2.6 이상에 도달하면 시장 과열 신호로 보고 매수 규모를 줄이는 전략을 택할 수 있다. 반대로 MVRV가 1.8 이하로 내려가면 시장이 과소평가됐다고 판단해 매수 금액을 늘리는 전

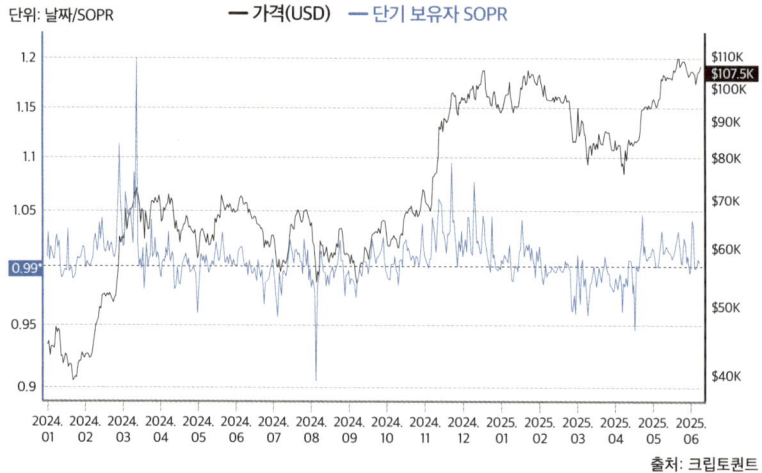

비트코인 단기 보유자 SOPR

략을 선택할 수 있다.

이처럼 MVRV는 투자자의 감정을 배제하고, 시장의 흐름을 객관적으로 판단할 수 있도록 도와주는 유용한 나침반이 될 수 있다.

또 하나 중요하게 활용할 수 있는 온체인 데이터 지표가 있다. 바로 단기 보유자의 SOPR(Spent Output Profit Ratio)이다. 단기 보유자 SOPR은 1시간 이상 155일 미만 동안 보유된 코인에 대해서만 계산하는 지표다. 짧은 기간 보유한 코인에 대해 과거 거래 시점에 코인을 매수한 뒤 투자자들이 수익을 봤는지 나타내는 지표로, 1 이상이면 단기 투자 시 수익을 본 투자자 비율이 높고 1 이하면 손실을 본 투자자의 비율이 높다고 해석할 수 있다.

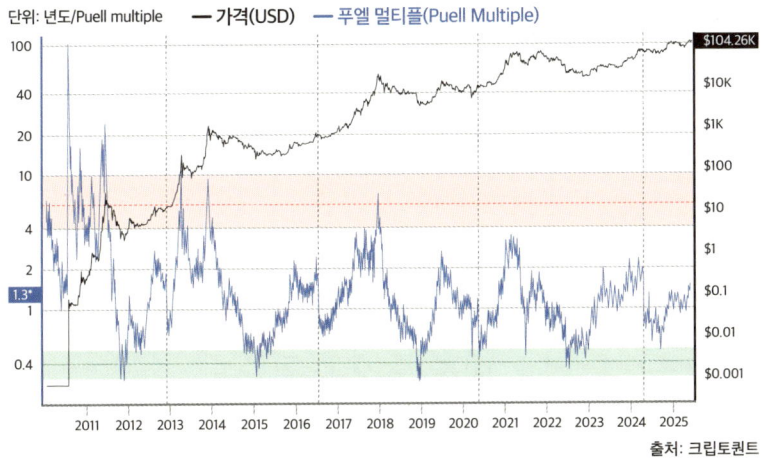

비트코인 푸엘 멀티플

2024년 3월 비트코인이 급격하게 상승했을 때는 지표가 1.2를 넘어가며 1시간 이상 155일 미만의 투자자들이 20% 이상의 수익을 얻으며 시장이 매우 과열됐었음을 볼 수 있다.

마지막으로 활용할 만한 지표 중 하나는 Puell multiple(푸엘 멀티플)이다. 푸엘 멀티플은 하루에 채굴된 코인의 가치를 지난 1년 동안의 일평균 발행 가치로 나눈 값으로, 지난 1년 대비 채굴자들의 수익성이 얼마나 높은지를 나타낸다.

채굴자들은 기대했던 수익보다 많은 이익을 거두고 있다고 판단이 되면 비트코인을 대량으로 매도하는 모습을 보인다. 지난 2021년 3월, 비트코인 사이클의 단기 고점에서도 푸엘 멀티플이 급등하는 모습이 관찰됐다. 지표가 3 이상을 돌파할 때마다 채굴자의 수익성이 과도하게 높아지는 국면이 연출됐으며 이는 비트코인의 단기 고점과 겹치는 경우가 많았다.

실제로 2013년 11월, 2017년 12월, 그리고 2021년 3월에도 푸엘 멀티플이 급등한 직후 가격 조정이 이어졌다. 푸엘 멀티플이 급등하는 시기는 채굴자들이 비트코인을 시장에 대거 매도해 수익을 실현할 유인이 강해지는 시점이다. 따라서 이 지표가 높을수록 매도 압력이 높아지고 가격 조정이 뒤따를 가능성이 높아진다.

온체인 데이터는 숫자의 나열을 넘어 시장 참여자들의 행동과 선택이 남긴 흔적이다. 이는 단순히 과거의 기록이 아니라 시장의 흐름을 이해하고 미래의 가능성을 조망할 수 있는 단서가 된다. 특히 MVRV, 단기 SOPR, 푸엘 멀티플과 같은 핵심 지표들은 시장의 과열 신호와 저점의 기회를 구분해 준다. 그러나 온체인 데이터 역시 하나의 지표일 뿐 결국 투자라는 항해의 키를 잡고 나아가는 것은 우리 자신이다. 언제나 중요한 것은 흔들리지 않는 단단함과 꾸준함이다.

적립식 투자,
AI와 온체인 데이터를 활용하라

　온체인 데이터를 활용하면 시장의 기회와 과열을 객관적으로 확인할 수 있다. 적립식 투자는 외부 서비스와 연동해 편리하게 투자할 수도 있다.

　업루트컴퍼니는 'AI와 온체인 데이터 분석 기반 비트코인 적립식 투자 솔루션, 비트세이빙'을 제공하고 있다. 비트세이빙은 분석을 통해 시장이 과열됐을 때는 자동으로 비트코인을 적게 구매해 주고 시장의 열기가 가라앉았다고 판단될 때는 자동으로 비트코인을 많이 구매해 줌으로써 일반적인 정액 적립식 투자보다 높은 수익률을 제공하는 스마트 저금통이 대표적인 차별화 포인트다.

　적립식 투자의 가장 큰 어려움은 시장의 변동성 앞에서 감정에 흔들리지 않고 꾸준히 투자하는 것이다. 가장 기본적이지만 가장 지키기 어려운 원칙이기도 하다. 많은 투자자가 일시적인 하락에 불안을 견디지 못하고 중도 포기하거나 급등기에 과도한 매수를 하며 원칙을 지키지 못하는 경우가 많다. 이런 흔들림은 투자 성과에 큰 영향을 미친다. 그래서 감정에 휘둘리지 않고 꾸준히 투자할 수 있도록 투자를 자동화하는 것이 중요하다.

꾸준히 사는 것은 좋지만
변동성을 활용하는 것은 더욱 좋다

적립식 투자는 분명 효과적인 비트코인 투자 전략이다. 하지만 '단순히 매일 일정 금액을 사들이는 방식보다 더 효과적인 방법이 있지 않을까?' 하는 의문도 생긴다. 이 의문에 대한 해답은 비트코인의 높은 가격 변동성을 기회 삼아 적극적으로 활용하는 데 있다. 바로 시장 상황에 맞춰 '비율'과 '주기'를 조절하는 것이다. 이런 전략적인 적립식 투자 방법은 비트세이빙의 기능들을 통해 구체적으로 설명할 수 있다.

저금 비율 조절에 가장 핵심적인 원칙은 '비트코인 가격이 쌀 때 많이, 비쌀 때 적게 사는 것'이다. 이를 자동화한 것이 비트세이빙의 '스마트 저금통'이다. 스마트 저금통의 AI 알고리즘은 앞서 설명한 온체인 데이터를 포함한 여러 지표를 분석해 시장 상황을 판단한다. 시장이 과열됐다고 판단되면 저금 비율을 줄여 리스크를 관리하고, 반대로 시장이 기회 구간이라 판단되면 저금 비율을 늘려 일반 정액 적립식 투자 대비 높은 수익률을 추구한다.

예를 들어 비트코인 가격이 1BTC에 1,000만 원일 때는 10만 원을 구매하고, 가격이 800만 원으로 하락하면 20만 원으로 구매 금액을 늘리는 식이다. 누구나 쉽게 생각할 수 있는 원칙이지만 실제로 비트코인의 변동성을 마주하면 이를 지키는 것이 쉽지 않다. 자동화를 통해 감정을 배제하고 시스템에 가장 이성적인 판단을 맡기는 것이 정신 건강을 지키는데 이롭다.

또한 정해진 주기(매일 또는 매주)를 넘어 데이터에 기반해 특별하게 주기를 조절하며 기회를 잡는 전략도 있다. 비트세이빙에서는 이를 '물타기' 주기라 부른다. 주식 시장에서 많이 이야기하는 개념이다. 이 알고리즘은 시장의 하락 추세 시점을 포착했을 때만 비트코인을 구매한다. 매일 주기가 한 달에 30회 구매하는 꾸준함을 추구한다면 물타기 주기는 시장 상황에 따라 월평균 8회 내외의 하락 추세 시점에만 저금을 통해 수익률을 극대화한다.

가장 이상적인 전략은 이 두 가지, 즉 '스마트 저금통'으로 저금 비율을 조절하고 '물타기 주기'로 저금 주기를 최적화하는 것이다. 실제로 2024년 4월 23일부터 1년간 이 조합으로 투자했다면 매일 같은 금액을 구매하는 단순 적립식 투자보다 약 12%p 더 높은 수익률을 달성할 수 있었다. 이는 변동성을 기회로 삼는 투자 전략이 장기적으로 얼마나 강력한 힘을 갖는지 증명한다.

비트코인을 제외한 코인은
모두 쉿코인이다

주의할 점도 있다. 이 전략은 오직 비트코인에만 적용하기를 권한다. 국내 암호 화폐 자산 거래소에서는 비트코인뿐만 아니라 이더리움, 리플, 솔라나를 일반적인 정액 적립식 방법으로 투자할 수 있다. 그러나 비트코인을 제외한 대부분 코인은 재단이나 회사에 의해 운영되는 알트코인들은 중앙화된 구조이며, 필요에 따라 추가 발행이 이뤄지거나, 시장에 풀리는 유통량이 조절될 수 있으며, 정책도 임의로 바뀔 수 있다. 이들은 본질적으로 '강한 돈'이 아니며 쉿코인(Shitcoin)이다. 단일 목적의 통화 시스템으로 설계된 비트코인만이 장기 보유의 대상이다. 마이클 세일러가 말했듯 "두 번째로 좋은 돈은 없다(There is no second best)".

또한 일정 금액 이상 비트코인이 축적되면 거래소에 계속 두지 말고 개인 지갑(Non-custodial Wallets)으로 이체해 보관하는 것이 좋다. 이는 거래소 해킹, 정책 변경 등의 리스크를 피하고 자산의 독립성과 보안성을 확보하는 가장 좋은 방법이다.

저축하듯 조금씩 그러나 더 똑똑하게 비트코인을 모아 보자. 하락장은 공포가 아니라 기회가 될 것이다.

거치식+적립식 투자,
사이클 투자를 이기는 방법

한국에서 '비트코인 슈퍼 사이클'이라는 개념은 신민철 작가의 《비트코인 슈퍼 사이클》의 내용으로 이해돼 왔다. 쉽게 술술 잘 읽히는 책이지만 기존에 투자한 비트코인을 반감기 이후 1년이 지난 시점에 6개월에 걸쳐 전액 분할 매도하는 내용은 동의하기 힘들었다.

우선 비트코인 슈퍼 사이클이라는 개념을 다시 짚고 넘어갈 필요가 있다. 이는 암호 화폐 시장에서 비트코인 가격이 전통적인 4년 주기의 상승과 하락을 넘어서 지속적인 상승세를 보일 수 있다는 이론이다.

이 개념은 2020년 비트코인 교육자이자 트러스트 머신의 마케팅 고문 댄 헬드가 처음 제안했다. 이는 비트코인이 기존처럼 급격한 상승 뒤 급격한 하락을 반복하는 사이클을 겪을 것이라는 뜻이 아니라 다음과 같은 요인 때문에 비트코인이 지속적으로 상승할 것이라는 뜻이다.

비트코인에 사이클이 무의미한 세 가지 이유

첫째, 비트코인을 둘러싼 거시경제적 배경이다.
글로벌 경제의 불확실성과 통화 가치 하락에 대한 우려로 인해 비트코인이 안전 자산으로 주목받을 것이다.

둘째, 금융 기관의 적극적 참여 때문이다.
기관 투자자들의 비트코인 시장 참여 증가와 비트코인 ETF의 승인 등은 시장의 신뢰도를 높이고 수요를 증가시킬 수 있다.

셋째, 비트코인만의 특별한 스토리다.
비트코인의 희소성과 디지털 금으로서의 특성은 투자자들에게 매력적인 투자 스토리를 제공한다.

만약 비트코인이 2025년에 슈퍼 사이클을 지나고 있다면 비트코인은 반감기 이후 1년이 지난 시점에 6개월에 걸쳐 전액 매도하면 결코 안 되는, 지속적으로 보유해야 하는 자산인 것이다. 이는 비트코인에 슈퍼 사이클이 아니라 기존 사이클을 그대로 적용한 방법이다. 또한 책이 출간된 2024년 상반기 비트코인 가격이었던 4만 달러 초반 가격은 앞으로 다시는 오지 않을 가격일 수도 있다. 따라서 비트코인을 팔지 않고 장기적으로 보유하는 거치식 투자 전략과 비트코인을 지속적으로 매수하는 적립식 투자 전략의 병행을 권한다.

실제로 슈퍼 사이클이 와서 비트코인 4년 주기의 상승과 하락을 반복하지 않고 지속적으로 상승할지 아니면 기존의 사이클인 상승과 하락을 반복할지는 아무도 모른다.

일상 생활을 하며 필수적으로 써야 하는 생활비를 제외한다면 똘똘한 집 한 채처럼 팔지 않아도 되는 목돈으로 산 비트코인 n개, 적립식 투자로 모은 비트코인 중 팔지 않아도 되는 비트코인 n개는 오랫동안 HODL하는 것이 현명한 투자자의 삶일 것이다.

개미와 고래의 결정적인 차이점은 보유하는 기간이다

투자의 대가들은 공통적으로 장기 보유의 중요성을 강조했다. 워런 버핏은 "주식 시장은 조급한 사람의 돈을 인내심 있는 사람에게 옮기는 장치"라고 말했다. 그는 애플, 코카콜라 등 뛰어난 자산을 장기 보유하며 복리의 힘을 극대화했다. 비트코인에 대한 투자 여부와 별개로 그의 인내심 있는 투자 철학은 암호 화폐 투자자들에게도 깊은 울림을 준다.

찰리 멍거는 "대단한 자산을 샀다면, 웬만해서는 절대 팔지 말라"

라고 조언했다. 이는 단기적 가격 변동에 흔들리지 말고 근본적인 가치가 성장할 때까지 기다리라는 의미다.

아크 인베스트의 캐시 우드 역시 "혁신적인 자산에 대한 투자는 변동성에 대한 내성이 있어야 한다"라고 말하며 변동성은 단기적 리스크일 뿐 장기적으로는 기회라고 봤다. 이런 인사이트를 비트코인 투자에 대입해 보면 사이클 여부와 관계없이 비트코인을 장기 보유(HODL)하는 전략은 시장의 변동성을 이기는 합리적 접근일 가능성이 높다.

또한 사이클 투자 전략의 가장 큰 함정은 시장 타이밍 예측의 불가능성이다. 저점에서 사고 고점에서 팔아 이익을 실현하겠다는 전략은 이론적으로는 매력적이지만 현실에서는 인간의 감정과 정보의 한계로 인해 실패하는 경우가 많다. 반면 적립식 투자는 시장의 등락과 상관없이 꾸준히 동일 금액을 투자함으로써 투자 타이밍에 대한 부담을 최소화하고 평균 매입 단가를 낮추는 효과를 제공한다.

비트코인이 슈퍼 사이클에 진입했는지는 누구도 단언할 수 없다. 하지만 한 가지 분명한 사실은 있다면 비트코인은 결국 오랫동안 팔지 않는 것이 정답일 가능성이 높다는 것이다.

비트코인 투자로 성공하기 위해서는 단기적 사이클의 굴레에 갇히지 않고, 장기적인 성장에 주목하며, 투자 구루들이 강조하는 인내와 꾸준함의 가치를 실천해야 한다.

비트코인을 팔아야 할 때는 그것이 '생활을 위한 지출'일 때뿐이다. 그 외의 순간에는 HODL과 적립식 투자라는 두 가지 무기를 들고 시장의 파도 위에서 흔들리지 않는 나만의 항해를 이어 가길 바란다.

3장

비트코인은 어떤 마인드로 사야 할까?

투자 철학에서 인생의 태도까지,
비트코인이 바꾸는 삶의 방향

비트코인 투자는
외로운 여정이다

    2022년 1월, 외부 행사나 모임에서 비트코인이라는 단어를 꺼내는 순간 모임의 분위기와 사람들의 표정이 바뀌고는 했다. 스타트업 행사에서 "비트코인 적립식 투자 설루션을 만들고 있다"라고 말하면 AC, VC와 같은 투자자뿐 아니라 같은 스타트업 창업가들도 쓴웃음을 지었다. 멋쩍게 고개를 돌리는 사람도 있었다. IR 발표 때 열심히 설루션을 설명해도 발표가 끝나면 질문은커녕 침묵만 흘렀던 순간들도 있다. 그럴 때마다 느꼈다. 이 길은 정말 외로운 길이 될 것이라고. 그렇게 비트코인을 이해하지 못하는 사람들과의 거리감은 점점 커졌다.

    많은 사람이 익숙한 것을 좋아한다. 햄버거집에 가면 늘 먹던 메뉴를 고르고 주식 투자도 들어 본 종목에 늘 손이 간다. 새로운 것은

전체 비트코인 보유량	529,705
전체 비트코인 시가 총액	55,621,314,040 달러 (약 76조 원)
전체 비트코인 대비 보유량	2.522%
기준	2025년 2월 26일

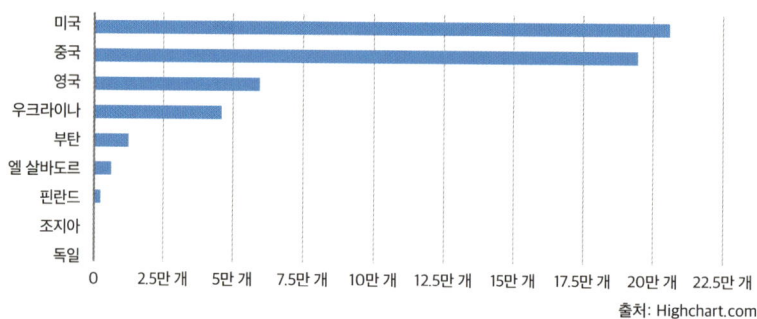

각 나라와 정부의 비트코인 보유량

두렵고 낯선 것은 경계한다. 비트코인은 항상 낯선 존재였다. 그러나 2024년 1월 미국에서 비트코인 ETF가 승인되자 사람들의 시선이 조금씩 달라졌다.

남들이 왼쪽으로 갈 때 오른쪽으로 갈 용기가 필요하다

한국에서 비트코인은 여전히 낯설고 두려운 존재 같다. 하지만 투자는 본질적으로 외로운 여정이다. 또한 사람들이 많이 알아보지 못한다는 것은 그만큼 기회가 있다는 이야기이기도 하다. 워런 버핏의 영원한 파트너이자 '현인들의 현자'라 불리는 찰리 멍거는

1970~1980년대 미국 주식 시장이 과열되던 시기 주류 시장의 열광을 경계하며 "대중과 반대되는 길을 가는 것은 외로운 일이다"라는 말을 강조했다. 그는 주식 시장의 과대평가된 기업들 대신 당장 주목받지 못하는 우량한 사업 구조를 갖는 소수의 기업에 투자했다.

코카콜라에 대한 투자도 그런 독립적인 사고의 대표 사례였다. 코카콜라는 당시 시장에서 성장성이 둔화된 기업이라며 외면받았지만 멍거와 버핏은 코카콜라의 강력한 브랜드 파워와 안정적인 현금 흐름에 주목했고 결국 엄청난 장기 수익을 거뒀다.

피터 린치는 마젤란 펀드를 운용하며 "남들이 겁내는 주식에 기회가 있다"라는 신념을 실천했다. 1980년대 시장이 첨단 기술주와 대기업에 열광할 때 그는 저평가된 소매 업체와 지역 은행주, 그리고 별로 주목받지 못하는 틈새 산업에 집중 투자했다. 그는 던킨도너츠 같은 대중적이고 단순한 소비재 기업에 투자해 큰 수익을 거뒀다. 린치는 "자기가 아는 분야에 투자하라"라는 원칙을 설파하며 시장의 트렌드에 휩쓸리지 않고 꾸준한 현장 조사와 직접 발로 뛰는 분석을 통해 투자 결정을 내렸다. 이런 사례는 유행을 따르지 않고 자신만의 투자 철학을 고수하는 것이 얼마나 중요한지를 보여 준다.

금융 위기 속에서도
공격적으로 투자에 나선 결과

'위험 관리의 마스터'라고 불리는 하워드 막스는 2008년 금융 위기 당시 시장이 붕괴되고 대부분의 투자자가 공포에 질려 자산을 매도할 때 오히려 기회를 찾아 적극적으로 투자했다. 그는 부실 자산에 집중 투자하며 최악의 공포에서 대규모 수익을 거뒀다.

특히 그가 이끄는 오크트리 캐피탈은 위기 상황에서 기업 채권과 부실 대출 자산을 저평가된 가격에 대거 매수해 큰 성공을 거뒀다. 그는 이후 자신의 투자 철학을 담은 저서 《가장 중요한 것》에서 "공포와 탐욕의 싸움에서 공포에 맞서 투자할 줄 알아야 한다"라고 강조했다. 이는 두려움 속에서 기회를 보고 행동하는 것이야말로 진정한 투자자의 자세임을 보여 준다.

비트코인 투자는 외롭고 불편한 길이다. 하지만 남들이 비트코인을 겁내고 외면할 때 투자할 수 있다는 것은 오히려 비트코인을 믿는 당신에게 온 절호의 기회다. 불편함 속에서 기회를 보고 행동하는 사람이 결국 비트코인 투자에서 절대 실패하지 않고 크게 승리하는 사람이다. 이 외로움을 즐길 수 있어야 한다.

비트코인은 누구에게나 공평한 기회를 준다

시장과 정부는 늘 균형과 힘의 주도권을 놓고 줄다리기한다. 시장은 자유를 원하지만 정부는 규제와 통제를 통해 경제를 관리하려고 한다. 이 과정에서 정부의 정책 실패나 지나친 개입은 때때로 개인의 재산과 기회를 위협한다. 그래서 누구나 쉽게 접근할 수 있고 누구의 간섭도 받지 않는 돈의 필요성이 커진다. 바로 비트코인이다.

지금의 경제 체제는 결코 완벽하지 않다

경제학은 결국 국가 단위의 경제 흐름과 시스템을 이해하는 학문이다. 경제학은 재화와 서비스가 어떻게 생산되고 유통되는지 그리고 그 과정에서 자산과 자원의 역할이 무엇인지를 거시적으로 설명한다. 하지만 경제학은 18세기에 애덤 스미스가 《국부론》에서 처음 정리한 지 겨우 200년 정도밖에 되지 않은 비교적 새로운 학문이다.

200년짜리 학문이 과연 복잡한 세계 경제 시스템의 모든 문제를 설명하고 해법을 제시할 수 있을까? 결코 그럴 수 없다. 경제학을 배우며 우리가 얻을 수 있는 건 그저 '세계 경제가 이런 흐름으로 움직이는구나'라는 거시적 이해뿐이다.

경제학의 기초는 시장 개념이다. 시장은 수요와 공급이 만나는 공간이며 애덤 스미스는 이를 '보이지 않는 손'이라고 표현했다. 수요와 공급의 만남은 곧 균형 가격을 형성하고 시장은 이를 통해 자원을 효율적으로 배분한다는 것이다. 하지만 시장 우선주의에는 근본적인 한계가 있다. 부를 갖는 사람이 더 많은 부를 빨아들이는 힘을 갖게 된다. 즉 부의 집중은 자본주의 시장의 필연적 결과다.

칼 마르크스는 이를 해결하기 위해 공동 생산과 공동 분배를 주장했다. 그는 부의 독점을 막기 위해 모두가 생산 수단을 공유하고 평등하게 나눠야 한다는 논리를 폈다. 그러나 이 방식도 현실에서는 모순을 낳았다. 시장 주의가 갖는 한계와 공산주의적 분배 시스템의 모순을 절충하고자 등장한 것이 바로 케인스 경제학이다.

케인스는 정부의 재정 정책 개입을 통해 경제를 조율해야 한다고 주장했다. 하지만 이마저도 완전한 해법은 아니었다. 그래서 프리드리히 하이에크는 시장에 맡기되 통화량 조절을 통해 시장을 관리하는 신자유주의 모델을 주장했다. 이는 정부는 돈의 공급량만 조절하고 나머지는 시장에 알아서 맡기자는 입장이다.

결국 경제학은 완전한 자유 시장, 공동 분배, 정부 개입, 통화 정책 조절 등 수많은 실험과 반복에서 생겨나는 모순을 완전히 해결하지 못했다. 현재의 경제 시스템은 결국 정부가 재정 정책과 통화 정책을 병행하며 시장을 조율하는 불완전한 타협의 산물인 것이다.

1971년, 또 하나의 큰 전환점인 닉슨 쇼크가 찾아온다. 미국은 금과 달러의 교환을 중단하며 금 본위제를 사실상 폐지했다. 이때부터 달러는 금이라는 실물 자산과의 연결 고리를 잃고 순수한 법정 화폐로 변모했다. 이후 미국 정부는 필요할 때마다 국채를 발행하고 달러를 찍어 냈다. 발행의 물리적 한계가 사라지자 발행량은 걷잡을 수 없이 불어났다.

2008년, 글로벌 금융 위기 때 미국은 엄청난 규모의 달러를 찍어 냈다 양적 완화를 실시했다. 2020년 코로나 팬데믹 당시에는 2년 만에 미국 달러의 공급량이 40% 이상 증가하기도 했다. 또한 2023년 이후에도 미국의 부채 한도 위기와 재정 적자 부담은 계속 달러 발행량을 밀어 올리고 있다. 이제 달러는 정부의 필요와 위기 상황에 따라 끝없이 발행될 수밖에 없는 구조가 됐다.

이처럼 달러 발행이 멈출 줄 모르고 계속 늘어나면 무슨 일이 벌어질까? 달러의 구매력은 떨어지고 인플레이션은 일상화된다. 사실상 달러는 시간이 지날수록 가치가 줄어드는 '녹는 돈'이다. 이런 시스템 속에서 일반 시민들은 부유층과의 격차를 점점 더 크게 체감하며 자산을 지키기 위해 더 많은 리스크를 감수해야 한다.

고래 싸움에서
새우가 살아남는 방법

그렇다면 대안은 무엇인가? 바로 비트코인이다. 비트코인은 2,100만 개로 발행량이 고정돼 있으며 더는 늘어날 수 없는 희소한 돈이다. 달러처럼 무한히 찍어 낼 수 없고 중앙의 의지로 쉽게 가치가 변하지 않는다. 비트코인은 이 세상이 갖는 모순, 부자들이 부를 독점하고, 정부는 필요할 때마다 돈을 찍어 내며, 그 부담을 시민들이 나누는 구조에서 자유롭기 때문이다. 비트코인은 누구에게나 공정한 기회를 준다. 달러는 정부가 통제하지만 비트코인은 누구나 똑같은 조건으로 접근할 수 있는 공평한 네트워크기 때문이다.

경제학은 이런 모순을 해소하지 못했지만 비트코인은 그 모순을 뚫고 나온 새로운 가능성이다. 그래서 나는 말하고 싶다. '비트코인은 단순한 투자 자산이 아니라 이 모순적인 세상을 넘어설 수 있는 대안이자 희망'이라고.

고물가의 장기화, 이를 억제하기 위한 고금리 통화 정책, 그에 따른 저임금과 높은 실업률, 고환율, 그리고 전반적인 경제 저성장은 앞으로도 우리 삶에 깊숙이 파고들 것이다. 이런 사회 구조에서 개인이 맞닥뜨리는 문제 역시 점점 더 무거워진다. 소득은 오르지 않고, 생활비는 늘어만 가고, 대출은 쌓여 가고, 저축은 빠듯하다. 돈의 가치는 떨어져만 가지만 미래를 준비하는 투자가 마냥 쉬운 것도 아니다. 이 모든 문제는 단지 오늘의 문제가 아니라 앞으로 더욱 심화될 문제들이다.

한때는 그저 성실히 일하고, 조금이라도 아끼고, 착실히 저축하면 언젠가는 모두 부자가 될 수 있을 거라 믿었다. 그러나 그런 믿음이 더는 소용 없다는 것을 모두가 알게 됐다. 정직한 노력만으로는 부자가 될 수 없는 시대다. 사람들은 더 높은 수익을 쫓아 위험한 투기로 내달리고 있다. 안정적 자산으로 미래를 대비하던 방식은 무너지고 더 큰 리스크에 몸을 던지는 한 방의 유혹만 남았다.

많은 사람이 "비트코인 가격이 이미 너무 올랐고, 이제는 늦었다"라고 말한다. 하지만 과연 그럴까? 비트코인은 마지막 반감기까지 100년 이상 남아 있다. 비트코인의 여정은 아직 끝나지 않았다. 오히려 이제 막 시작된 것인지도 모른다. 비트코인은 지금도 앞으로도 누구에게나 기회를 주는 돈이다.

우리는 지금 비트코인이 단순한 투기 수단에서 투자 자산, 나아가 산업의 인프라로 자리 잡아가는 변곡점에 서 있다. 이 변화의 흐름에서 대한민국, 그리고 당신은 뒤처져 있어서는 안 된다. '이미 늦었다'는 패배주의적 생각에서 벗어나 비트코인을 기회의 돈이자 새로운 산업의 기반으로 과감히 인식하고 받아들여야 한다. 그래야만 우리도 미래에 부와 기회의 주인이 될 수 있다. 비트코인을 적립식으로 열심히 저축하며 현생을 살고 미래를 계획하는 것. 그것이 우리가 현재와 미래에 집중해야 할 모습이다.

우리는 무엇을 후대에 물려줘야 할까? 어떤 시스템, 어떤 돈을 다음 세대에 남겨야 할까? 나는 그것이 바로 비트코인이라고 믿는다.

비트코인은
지피지기 백전불태다

《손자병법》의 '지피지기 백전불태(知彼知己 百戰不殆)'는 자신과 상대를 알면 백 번 싸워도 위태롭지 않다는 뜻이다. 이 지혜는 전쟁뿐 아니라 투자의 세계, 특히 변동성 높은 비트코인 시장에서 더욱 빛을 발한다. 비트코인의 본질을 꿰뚫어 보고 자신의 투자 원칙을 확립하는 것. 이 두 가지가 성공적인 비트코인 투자의 초석이다.

비트코인을 설명하는 네 가지 본질

비트코인은 21세기에 등장한 최초의 탈중앙화 디지털 자산이다. 전통 금융 시스템의 규칙을 따르지 않는 독특한 속성을 이해하는 것이 투자의 첫걸음이다.

첫째, 디지털 희소성이다.

비트코인의 총공급량은 2,100만 개로 고정돼 있다. 누구도 이 규칙을 바꿀 수 없다. 이 내재된 희소성은 가치 저장 수단으로서 금과 비견되며, 디지털 금이라 불리는 핵심적인 이유다. 물리적 실체 없이 존재하며 보관과 이동이 자유롭다는 점에서 금을 뛰어넘는 편리성을 지닌다. 이는 인플레이션 시대에 강력한 헤지 수단으로 주목받는 배경이 된다.

둘째, 탈중앙화 네트워크 시스템이다.

비트코인은 정부나 중앙은행 같은 중앙 기관의 통제 없이 전 세계 수많은 참여자(노드)에 의해 운영되는 분산 네트워크 위에서 작동한다. 이는 곧 검열 저항성과 불변성을 의미하며 특정 주체가 자의적으로 가치를 훼손하거나 거래를 막을 수 없음을 뜻한다.

셋째, 기관 투자자의 진입과 제도권 편입이다.

SEC의 현물 비트코인 ETF 승인은 역사적 전환점이 됐다. 블랙록, 피델리티 같은 세계 최대 자산 운용사들이 비트코인 시장에 본격적으로 진입하며 과거 개인 투자자 중심이었던 시장은 기관이 주도하는 시장으로 빠르게 재편되고 있다. 이는 비트코인이 제도권이 인정하는 금융 자산으로 자리매김하고 있음을 증명한다.

넷째, 끊임없는 기술적 진화다.

비트코인 네트워크는 정체하지 않는다. 레이어 2 솔루션인 라이트닝 네트워크는 소액 결제를 더 빠르고 저렴하게 만들고 있으며 계속적인 업그레이드는 스마트 계약 기능과 프라이버시를 강화한다. 이처럼 비트코인 생태계는 꾸준한 기술 발전을 통해 단순한 가치 저장을 넘어 실질적인 활용 사례를 넓혀 가고 있다.

어느 투자에도 적용하면 좋을 세 가지 원칙

비트코인의 잠재력을 이해했다면 이제 나를 파악할 필요가 있다. 자신을 알지 못하면 시장의 거센 파도에 휩쓸릴 뿐이다.

첫째, 투자 철학과 목표 설정이다.

당신은 어떤 투자자인가? 단기 시세 차익을 노리는 트레이더인가, 장기적인 가치 상승을 믿는 투자자인가? 수익을 중시하는 공격적인 성향인가, 안정성을 중시하는 보수적인 성향인가? 자신의 투자 기간, 목표 수익률, 감내할 수 있는 손실 범위를 명확히 정의해야만 흔들리지 않는 투자 전략을 세울 수 있다.

둘째, 변동성 이해와 감정 통제다.

비트코인 가격은 높은 변동성을 특징으로 한다. 하루에도 수십 %

씩 급등락할 수 있으며 이는 투자자의 심리를 끊임없이 시험한다. 가격이 폭등할 때 느끼는 탐욕과 폭락할 때 느끼는 공포는 우리를 잘못된 판단으로 이끄는 가장 큰 적이다. 감정에 휘둘려 추격 매수 하거나 공포에 질려 투매하는 우를 범하지 않도록 자신만의 원칙을 세우고 기계적으로 따르는 훈련이 필요하다.

셋째, 엄격한 리스크 관리다.

리스크 관리의 기본은 분산 투자다. 올인 투자는 도박과 같다. 비트코인이 유망한 자산이라 할지라도 우선 포트폴리오의 '일부'로 편입하는 지혜가 필요하다. 감당할 수 있는 범위 내에서 투자 금액을 정하고 손실이 발생했을 때 기계적으로 실행할 원칙을 반드시 세워야 한다.

비트코인은 더는 소수만의 전유물이 아닌 거시 경제의 한 축을 담당하는 안정적 자산으로 성장하고 있다. 이제 투자사들은 장기적으로 비트코인 가격이 수십만 달러, 나아가 수백만 달러에 이를 수 있다는 과감한 전망을 내놓기도 한다.

하지만 장밋빛 전망 속에서도 과거의 혹독한 약세장을 잊어서는 안 된다. 성공적인 투자는 시장의 타이밍을 예측하려는 시도가 아닌 훌륭한 자산의 가치를 믿고 꾸준히 수량을 늘려 가는 인내의 과정에서 나온다. 시장의 단기적인 소음에 흔들리지 않고 자신만의 원칙에 따라 묵묵히 나아가는 시간 투자가 가장 강력한 무기다.

중앙은행의 통화 정책, 지정학적 리스크, 예측 불가능한 경제 환경 속에서 비트코인은 기존 금융 시스템의 대안이자 새로운 가치 저장 수단으로서 그 역할을 증명하고 있다. 기술적 발전, 제도적 수용, 투자 생태계의 성장은 모두 비트코인의 밝은 미래를 가리킨다.

그러나 모든 투자의 책임은 궁극적으로 투자자 자신에게 있다. 끊임없이 시장을 공부하고(지피), 자신의 원칙을 되새기며 냉철하게 판단하는 것(지기)만이 변동성의 파도를 넘어 경제적 자유에 이르는 길이다.

비트코인은
공부가 필요한 자산이다

2021년, 엘살바도르는 비트코인을 법정 화폐로 채택하고 비영리 단체인 미 프리메르 비트코인과 협력해 비트코인 교육 프로그램을 시작했다. 이 프로그램은 10주 과정으로 구성돼 있으며 학생들에게 화폐의 역사, 비트코인의 작동 원리, 비트코인을 안전하게 사용하는 방법 등을 가르친다. 2022년 6월, 첫 번째 졸업생 38명이 이 프로그램을 성공적으로 마쳤다.

이후 엘살바도르 교육부는 이 프로그램을 전국의 공립 학교에 확대 적용하기로 결정했다. 2024년부터 75개 공립 학교 150명의 교사가 이 교육을 받았으며 2025년에는 50개 학교에서 시범 운영을 시작했다. 프로그램은 학생들이 비트코인을 이해하고 활용할 수 있도록 다음과 같은 내용을 포함한다.

비트코인에 투자하기 전 알아 두면 좋을 것들

화폐의 역사와 진화: 화폐의 기원부터 비트코인까지의 발전 과정을 설명한다.

비트코인의 작동 원리: 블록체인 기술, 채굴, 트랜잭션 처리 방식 등을 다룬다.

비트코인의 실생활 활용: 비트코인을 사용하는 방법, 지갑 설정, 보안 유지 방법 등을 실습한다.

금융 이해도 향상: 예산 관리, 저축, 투자 등의 기본적인 금융 지식을 제공한다.

이런 교육은 학생들이 디지털 시대의 금융 환경에 적응하고 비트코인을 안전하게 활용할 수 있는 능력을 키우는 데 중점을 둔다. 엘살바도르의 비트코인 교육 모델은 다른 국가들에게도 영향을 미치고 있다. 미 프리메르 비트코인은 오픈 소스 교육 자료를 제공해 전 세계의 교육 기관들이 이를 활용할 수 있도록 지원하고 있다.

만약 당신이 비트코인에 대한 이해도가 전무하다면 미 프리메르 비트코인에서 제작한 《비트코인 디플로마》를 읽는 것이 좋다.

다음에는 《달러는 왜 비트코인을 싫어하는가》, 《브로큰 머니》를 추천한다. 《달러는 왜 비트코인을 싫어하는가》는 비트코인의 희소성, 인플레이션 방어, 그리고 화폐의 진화 과정을 통해 비트코인의 본질적 가치를 설득력 있게 풀어낸다. 이 책은 비트코인을 단순한 투자 자산이 아니라 디지털 금으로 바라보게 만든다.

반면 《브로큰 머니》는 현대적인 시각에서 법정 화폐 시스템의 한계와 금융의 붕괴 메커니즘을 분석한다. 해당 책은 비트코인의 기술적 특성과 경제적 역할을 명료하게 풀어내 초보자부터 숙련자까지 모두에게 유익하다.

마지막으로는 《땡스 갓 포 비트코인》을 추천한다. 책은 비트코인 코어 개발자, 블록체인 캐피탈 벤처 파트너, 비트코인 씬 인플루언서인 지미 송과 세계에서 가장 큰 비트코인 미디어인 〈비트코인 매거진〉의 조지 미카엘, 오스트리아 경제학을 공부한 라틴 아메리카에서 일하는 목사 J.M. 부시 등 총 8명의 저자가 함께 쓴 책이다. 세계에서 비트코인을 가장 많이 보유한 회사 스트래티지의 회장 마이클 세일러가 추천한 책이기도 하다.

한국의 비트코인 책들은 크게 가격에 집중한 '비트코인 n억 간다', '얼마가 될 것이다' 같은 책들이 있고 매크로, 거시적 측면, 정치적 측면, 지정학과 역사적 측면 등을 다룬 책들로 나눌 수 있다. 한국의 작가들은 각자의 렌즈로 비트코인을 조명해 왔다.

해외로 눈을 돌리니 《땡스 갓 포 비트코인》이 눈에 들어왔다. 이 책은 신학적인 관점에서 비트코인을 바라본 유일한 책이었다. 한국의 성직자들은 비트코인과 암호 화폐에 대해 그간 매우 부정적인 시선을 보였다. 그러나 비트코인은 다른 암호 화폐와 구분돼야 한다. 비트코인은 선하고 강한 돈이다.

비트코인을 제대로 이해하면 비트코인을 살 수밖에 없다. 강한 돈의 속성, 내구성, 분할성, 휴대성, 수용성, 희소성, 대체 가능성을 갖고 있는 돈은 비트코인밖에 없다.

반드시 비트코인을 이해하라. 비트코인을 이해하면 비트코인의 가격 변동성은 두려운 것이 아니라 이용해야 하는 감사함으로 다가온다.

알트코이너를 멀리하고
비트코이너와 가까워져라

맹자의 어머니는 아들이 바르게 성장하기를 바라며 세 번이나 이사를 했다. 처음에는 공동묘지 근처, 두 번째는 시장 근처, 마지막에는 서당 옆이었다. 맹모는 세 번의 이사 끝에 아이의 성장과 방향이 결국 주위 환경에 달려 있다는 것을 깨닫는다. 고사 맹모삼천지교(孟母三遷之敎) 이야기다.

이 이야기는 단순히 교육의 중요성을 넘어 주변 환경이 우리의 삶에 얼마나 큰 영향을 미치는지에 대한 깊은 통찰을 준다. 그리고 이 교훈은 투자에서도 똑같이 적용된다. 특히 암호 화폐 시장에서는 더욱 그렇다. 어떤 정보를 접하는지, 누구의 관점을 따라가는지에 따라 투자자의 행동과 심리는 크게 달라진다. 결국 옳은 판단을 하고 싶다면 먼저 자신이 서 있는 환경부터 점검해야 한다.

지금 불나방들을 따라다니면
결국 도박판의 호구가 된다

주변에 어떤 투자자가 있는지에 따라 내 투자 철학과 성과는 완전히 달라진다. 주위에 알트코이너들만 있다면 어떤 일이 벌어질까? 그들은 매일 새로운 코인을 추천한다. 오늘은 AI 코인, 내일은 게임 코인, 다음 주에는 무슨 유명인의 밈 코인이라며 기상천외한 코인들을 쏟아 낸다. 말은 그럴싸하다. "10배 간다더라", "백서를 보니 대단하더라", "대기업과 협업한다더라"라는 식이다.

혹하는 사람들도 생긴다. 단기적인 수익 자랑은 또 얼마나 강렬한 유혹인가? '어제 산 XXX 코인 30% 수익 봤다'는 말에 마음이 흔들리고 '이번에 안 사면 기회 놓친다'는 말에 지갑을 열게 된다. 하지만 현실은 어떤가?

코인게코(CoinGecko, 세계 1위의 독립형 암호 화폐 집계사)에 따르면 전 세계에서 거래되는 암호 화폐는 1만 3,000종이 넘는다. 한국 거래소에도 약 600개의 코인이 있다. 이 중에서 진짜 가치 있는 것은 몇 개나 될까?

영화 〈타짜〉에서 도박판을 설계하는 정 마담은 도박판에 참여할 돈 많은 호구를 낚으려 위장 연애를 한다. 판에 걸려든 호구는 자기가 호구인 것도 모른 채 "도박이 뭐야? 파도야! 올라갔으면 내려가고 내려갔으면 다시 올라가는 거야. 이제 이것들은 다 죽었어!"라며 도박판에 기꺼이 참여한다. 알트코인 생태계를 그대로 보여 주는 장면이라고 할 수 있다.

트럼프 코인, 멜라니아 코인 같은 밈 코인은 단 10분 만에 만들어진다. 백서 따위도 필요 없다. 그냥 유명인의 이름만 가져다 붙이면 된다. 그런 코인을 매수하는 사람들을 진정한 투자자라고 할 수 있을까? 그들은 시장의 소음에 휩쓸려 온 도박판의 손님에 불과하다.

지금 함께 어울리는 사람에게서 미래의 얼굴을 볼 수 있다

찰리 멍거는 이렇게 말했다.

"투자는 철저한 분석을 통해 원금의 안전과 충분한 수익을 약속받는 행위다. 이 조건을 충족하지 못하면 투기다."

대부분의 알트코인 투자는 분석하지 않는다. 분석이 필요 없다. 테마만 있으면 된다. AI, 게임, 메타버스, 심지어 그저 유명인의 이름을 빌린 코인들까지. 이런 것에 투자하는 건 투자도, 투기도 아닌 도박이다. 도박판의 룰은 단순하다. 누군가는 돈을 따고 누군가는 돈을 잃는다. 그리고 결국 당신은 돈을 잃는다.

그러나 비트코이너들은 다르다. 그들은 비트코인의 본질을 이해한다. 비트코인은 단순한 가격 상승의 도구가 아니다. 인플레이션에 맞서는 화폐 혁명, 21세기의 디지털 금, 전 세계가 인정한 희소 자산이다.

스트래티지 마이클 세일러 회장이 말했듯 "비트코인 외에 두 번째로 좋은 것은 없다". 트럼프는 2024년 7월 비트코인 20만 개를 국가 전략 비축 자산으로 보유하겠다고 선언했고 대통령이 된 후 이를 행정 명령으로 공표했다. 실리콘밸리의 전설적인 벤처 투자자 팀 드레이퍼는 본인이 보유한 3만 개의 비트코인을 "절대 팔지 않겠다"고 공개적으로 말하기도 했다. 《돈의 속성》으로 유명한 가치 투자자 김승호 회장도 2024년 60개의 비트코인을 매수하며 개인 투자자로서 가장 많은 지분을 보유하게 됐다.

그들은 알트코인을 이야기하지 않는다. 비트코인만 이야기한다. 그들이 보는 건 오늘의 수익률이 아니라 10년 후의 미래다.

내가 알트코이너들 사이에 있으면 나도 알트코이너가 된다. 매일 새로운 코인에 마음이 흔들리고, 단기 수익에 집착하며, 결국 도박판에 앉아 있는 나를 발견한다. 하지만 비트코이너들 사이에 있으면 나 역시 비트코이너가 된다. 시장 소음에 흔들리지 않고, 원칙을 지키며, 장기적인 안목으로 자산을 불려 나가는 법을 배우게 된다.

맹모삼천지교는 선택의 문제다. 나는 나의 성장과 성공을 위해 누구 곁에 있을지를 선택해야 한다. 주변을 돌아보라. 누가 내 옆에서 투자를 이야기하는가? 매일 새로운 알트코인을 추천하며 단기 수익을 자랑하는 사람들인가? 아니면 비트코인의 가치를 이야기하며 원칙과 철학을 지키는 사람들인가?

답은 명확하다. 비트코이너와 함께하고 알트코이너는 멀리하라. 그것이 나를 성장시키고 나의 자산을 지켜 줄 것이다.

비트코인 투자 가치관을
가족과 공유하라

　돈 이야기는 종종 가족 간에도 금기시된다. "돈 얘기는 나중에 하자", "그건 아빠, 엄마가 알아서 할게"라고 흐지부지 넘겨 왔다. 그러나 우리는 지금 금융의 판이 완전히 뒤집히는 시대를 살고 있다. 비트코인은 미래 금융 질서에 대한 새로운 화두를 던지고 있다.

　문제는 대부분 가족이 비트코인에 대한 이해와 대화가 부족하다는 점이다. 부모 세대는 비트코인을 위험한 투기나 도박이라고 생각하는 경우가 많고 자녀 세대조차도 비트코인을 단순히 가격이 오르내리는 신기한 자산 정도로만 인식하는 경우가 많다. 인식의 차이는 단순한 정보 부족에서 비롯되는 게 아니다. 투자 철학과 가치관의 부재, 그리고 가족 간의 소통 부족에서 비롯된다.

가까운 사람과 비트코인을 함께 고민할 세 가지 이유

비트코인은 단순한 투자 대상이 아니다. 돈의 본질과 세상의 불평등, 인플레이션의 위협, 희소한 자산의 가치를 이야기하는 자산이다. 그렇기에 단순히 '가격이 오르면 사고, 내리면 팔아야지'라는 식의 논리로 접근하면 안 된다. 우리는 가족과 함께 이 가치관을 공유해야 한다. 왜 비트코인이 필요한지, 왜 2025년 지금, 우리가 미래를 준비해야 하는지 고민하고 함께 답을 찾아야 한다. 왜 그래야만 하는 걸까?

첫째, 비트코인은 새로운 형태의 돈이다.

지금까지 우리는 법정 화폐, 즉 달러와 원화를 돈이라고 생각하며 살아왔다. 그러나 이들 법정 화폐는 무한히 발행될 수 있는 돈이고 시간이 지날수록 그 가치는 줄어든다. 반면 비트코인은 2,100만 개로 발행량이 제한돼 있으며 누구도 추가로 만들어 낼 수 없는 절대적인 자산이다.

이 사실은 단순한 기술적 특징이 아니다. 돈이 갖는 희소성과 신뢰의 문제, 중앙 집중화된 금융 시스템의 불안정성과 직접 연결된다. 이 개념을 이해하지 못하면 비트코인을 단순히 가격이 급등락하는 위험한 자산으로만 보게 된다. 그리고 이런 인식은 잘못된 투자로 이어진다.

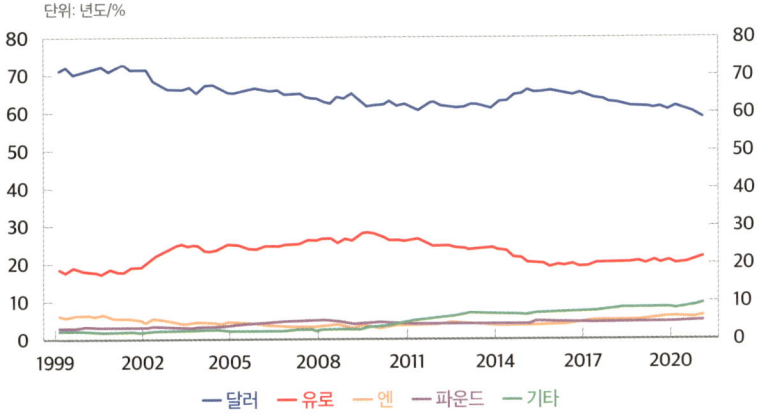

글로벌 외환 보유고의 통화 구성

단기적으로는 환율, 장기적으로는 중앙은행의 조치로 인해 2020년 4분기에 전 세계 외환 보유액에서 미국 달러의 비중이 25년 만에 최저 수준으로 떨어졌다.

둘째, 비트코인은 세대를 이어 주는 자산이 될 수 있다.

지금의 경제 시스템은 앞으로 저성장, 고물가, 고금리라는 고통을 피할 수 없다. 열심히 일하면 부자가 될 수 있다는 믿음은 깨졌다. 그렇다면 우리는 어떤 자산을 후대에 남겨 줄 것인가? 바로 비트코인이다. 금, 토지, 오히려 그보다 더 희소한 자산인 비트코인은 장기적으로 미래 세대의 자산 보존 수단이 될 수 있다. 이 중요한 기회를 가족 모두가 이해해야 한다.

셋째, 가족은 함께 움직이는 투자 공동체다.

누군가 비트코인을 이해하지 못하고 단기적인 시세에 휘둘리면 가족 내에서도 엇갈린 판단과 갈등이 생긴다. 예를 들어 어머니가 비트코인의 가치를 믿고 장기 보유하려 해도 아버지가 이를 이해하지 못하면 급락 때마다 불안에 떨고 매도를 재촉한다. 이런 상황에서는 장기 투자 원칙을 지키기 어렵고 결국 원칙 없는 투자로 흐를 위험이 크다.

가족 모두가 비트코인의 본질과 철학을 이해하고 투자 원칙을 함께 세워야 한다. 그래야만 흔들리지 않고 긴 시간 동안 투자할 수 있는 힘이 생긴다.

현실의 정글에서 살아남기 위해 모두가 알아야 할 생존의 기술

그렇다면 구체적으로 어떤 가치관을 가족과 나눠야 할까? 핵심은 다음과 같다.

첫째, 비트코인은 돈의 혁신이다.
단순한 가격 차트가 아니라 인플레이션과 통화 남발의 문제를 해결하기 위한 대안으로 만들어진 시스템이다.

둘째, 비트코인은 한정된 자산이다.
2,100만 개로 발행량이 제한돼 있으며 시간이 지날수록 채굴량이 줄어드는 희소한 자산이다.

셋째, 비트코인은 누구나 접근 가능한 공평한 자산이다.

부자들만 독점할 수 있는 시스템이 아닌 누구나 인터넷만 있으면 참여할 수 있는 네트워크다.

넷째, 비트코인은 단기적인 투기 대상이 아니다.
가격 변동성에 휘둘리는 것이 아니라 장기적인 가치 보존의 수단으로 바라봐야 한다.

다섯째, 비트코인은 미래 세대를 위한 자산이다.
지금의 경제 시스템이 갖는 모순 속에서 후손에게 남겨 줄 수 있는 희소하고 공평한 자산이다.

이런 가치관은 가족끼리 토론하고 공부하며 함께 체득해 나가야 한다. 단순히 책 몇 권을 읽는 것으로 끝내는 것이 아니라 실제로 비트코인을 조금씩 사 보고, 지갑을 만들어 보고, 블록체인 기술의 작동 원리를 이해해 보며 경험과 지식을 함께 쌓아 가야 한다.
비트코인을 이해하는 것은 단순히 금융 지식을 쌓는 것이 아니다. 미래를 준비하는 생존의 기술을 배우는 것이다. 가족 모두가 비트코인의 본질을 이해하고 그 철학을 공유해야 한다. 그래야만 앞으로의 경제적 혼란 속에서도 흔들리지 않는 투자 원칙을 세울 수 있고 위기가 닥쳐도 함께 버텨 내는 힘을 가질 수 있다.
비트코인은 새로운 시대의 돈이며 앞으로 100년 넘게 계속될 금융 혁신의 핵심이다. 우리가 후손에게 남겨 줄 수 있는 가장 강력한 유산은 비트코인이라는 시스템과 그 가치를 이해하는 '투자 철학'이다. 지금 바로 가족과 함께 대화하라. 비트코인을 이해하고 투자 철학을 세우며 함께 이 미래의 기회를 준비하라.

비트코인에 투자했다면 이제 당신의 삶을 살아라

　비트코인은 다시 한 번 역사의 전면에 섰다. 마침내 개당 12만 달러의 장벽을 넘어 새로운 시대를 열었다. 이 가격은 단순한 숫자를 넘어 비트코인이 글로벌 자산 시장의 중심으로 진입했음을 알리는 선언과도 같다. 미국, 중국 등 주요 강대국이 외환 보유고 다변화 전략의 일환으로 비트코인을 편입했으며 월가의 거대 금융 기관들은 비트코인을 핵심 포트폴리오 자산으로 공식 인정했다. 소수 기술 애호가와 개인 투자자의 전유물로 여겨졌던 비트코인은 이제 중앙은행, 국부 펀드, 연기금의 자산 목록에 당당히 이름을 올리고 있다.

　패러다임의 전환은 비트코인의 본질적 가치에 대한 시장의 재평가가 이뤄졌음을 의미한다. 더는 고위험 투기 자산이 아닌 디지털 시대의 금이자 새로운 가치 저장 수단으로 그 위상을 공고히 한 것이다.

    글로벌 금융 시스템의 구조적 불안정, 각국 정부의 경쟁적인 통화 팽창 정책, 그리고 이로 인한 인플레이션의 공포가 깊어질수록 비트코인의 절대적 희소성과 탈중앙화된 네트워크의 힘은 더욱 선명하게 드러난다. 이제 시장 참여자들은 비트코인을 단기 차익 실현을 위한 거래의 대상이 아닌 장기적 관점에서 부를 보존하고 증식시키는 핵심 수단으로 인식하고 있다.

사람들이 패닉에 빠질 때
비트코이너들은 웃고 있다

    물론 비트코인의 여정이 순탄하기만 했던 것은 아니다. 2024년 말부터 2025년 초에 이르는 동안 비트코인은 역사에 기록될 만한 극심한 변동성을 보였다. 한 달 만에 40% 이상 폭등하며 시장을 환희로 물들이는가 하면 불과 몇 주 만에 25% 이상 폭락하며 공포를 자아내기도 했다. 격렬한 가격 변동은 일부 투자자에게는 막대한 부를 안겨 줬지만 다수의 투자자에게는 깊은 심리적 고통과 불안을 초래하기 마련이다.

    가격이 치솟을 때 시장은 탐욕으로 가득 찬다. 뒤늦게라도 상승장에 올라타려는 투자자들이 몰려들며 FOMO 현상이 극에 달한다. 반대로 가격이 곤두박질치면 공포가 모든 이성적 판단을 마비시킨다. 공포에 빠져 자산을 던지는 패닉 셀이 속출하고 비트코인의 미래에 대한 근본적인 회의론이 다시 고개를 든다. 이처럼 극단을 오가는 감정의 롤러코스터는 투자자의 일상을 파괴하고 건강한 판단을 마비시키는 주범이다.

그러나 변동성은 비트코인이 갖는 고유한 특성이자 글로벌 자산으로 자리 잡는 과정에서 나타나는 자연스러운 성장통이다. 한정된 공급과 전 지구적으로 확산되는 수요의 불균형, 그리고 아직 완성되지 않은 규제 환경이 맞물리며 발생하는 필연적인 현상이다. 따라서 단기적인 가격 등락에 일희일비하는 대신 이런 변동성을 오히려 기회로 활용하는 장기 투자자의 지혜가 필요하다.

비트코인의 가치를 제대로 이해한다면 더는 신경 쓸 것이 없다

"비트코인에 투자했다면 이제 당신의 삶을 살아라"라는 격언은 투자를 방치하거나 무시하라는 뜻이 결코 아니다. 비트코인의 장기적 가치에 대한 확고한 믿음을 바탕으로 단기적인 소음과 변동성으로부터 당신의 삶과 심리를 지켜내라는 현명한 조언이다. 매시간 시세와 차트를 확인하며 감정을 소모하는 행위는 결국 잘못된 투자 결정으로 이어질 뿐이다.

비트코인은 21세기가 낳은 가장 독보적인 디지털 자산이다. 인류 역사상 유례없는 절대적 희소성을 가진 자산이다. 특정 국가나 기관의 통제 없이 자율적으로 운영되는 탈중앙화 네트워크는 외부의 공격이나 검열로부터 자산을 안전하게 보호한다. 각국 중앙은행이 필요에 따라 무한정 화폐를 찍어 내는 시대, 비트코인의 내재적 가치는 시간이 흐를수록 더욱 빛을 발할 수밖에 없다.

이런 특성 덕분에 비트코인은 디지털 금이라는 명예로운 별칭을 얻었다. 인류가 수천 년간 금을 통해 가치를 보존했듯 이제 새로운 세대는 비트코인을 통해 디지털 공간에 자신의 부를 저장하고 있다. 따라서 비트코인 보유자는 단기적인 가격 변동이 아닌 자산의 본질적 가치에 집중하며 묵묵히 자신의 일상을 살아가는 것을 전략으로 삼아야 한다. 그렇다면 성공적인 장기 투자자가 되기 위해 무엇을 실천해야 할까?

첫째, 시간의 힘을 믿고 장기적인 관점을 견지하라.

비트코인은 단기적으로는 예측 불가능한 변동성을 보이지만 4년 주기의 반감기를 거치며 장기적으로는 뚜렷한 우상향 추세를 그려왔다. 지난 10년 이상의 역사가 이를 증명한다. 단기적인 하락은 장대한 상승 서사 속의 작은 쉼표에 불과하다는 사실을 명심해야 한다.

둘째, 감정을 배제하는 자동화된 투자 전략을 활용하라.

가장 대표적이고 강력한 방법은 적립식 투자다. 시장의 고점과 저점을 예측하려는 헛된 노력 대신 매주 또는 매월 정해진 금액만큼 꾸준히 비트코인을 매수하는 것이다. 이 전략은 시장의 변동성을 당신의 편으로 만들고 평균 매입 단가를 낮추는 복리 효과를 가져다준다. 무엇보다 시장 타이밍에 대한 스트레스에서 벗어나 심리적 안정을 유지할 수 있게 한다.

셋째, 당신의 삶에 집중하라.

비트코인 투자는 당신의 삶을 풍요롭게 만들기 위한 수단이지 그 자체가 목적이 돼서는 안 된다. 투자에 대한 과도한 걱정과 스트레스는 당신의 건강과 관계와 일상을 병들게 할 뿐이다. 사랑하는 가족과 시간을 보내고, 친구와 교류하며, 취미 생활과 본업에 충실하라. 당신이 당신의 삶에 집중하는 동안 시간과 복리의 마법이 당신의 자산을 조용히 성장시켜 줄 것이다.

비트코인은 투기적 자산의 시기를 지나 디지털 시대의 새로운 가치 저장소로 그 위상을 확고히 했다. 주요 국가와 거대 금융 기관의 참여는 이런 흐름을 되돌릴 수 없는 거대한 물결로 만들고 있다. 이 거대한 변화의 파도 위에서 현명한 투자자는 단기적인 파도에 흔들리지 않고 묵묵히 자신의 항로를 지키는 사람이다.

"비트코인에 투자했다면 이제 당신의 삶을 살아라."

이는 비단 비트코인 투자에만 국한되지 않는다. 주식, 부동산 등 모든 장기 투자와 당신의 인생 전반을 관통하는 보편적인 지혜이기도 하다. 진정한 부는 시간의 힘을 믿고 묵묵히 자신의 길을 가는 사람에게 온다. 내가 공부하고 선택한 투자에 대한 신념을 바탕으로 나만의 소중한 삶을 즐겨라. 성공적인 투자의 결과는 시간이 주는 선물처럼 자연스럽게 당신을 찾아올 것이다.

비트코인은
시간이 굴리는 자산이다

지금의 비트코인을 보는 수많은 투자자는 경이로운 가격에 놀라움을 금치 못한다. 그러나 이 성과는 단기간에 이뤄진 우연한 기적이 아니다. 오랜 시간과 굳건한 인내가 빚어낸 필연적인 성과다. 단기적인 가격 변동에 일희일비하는 투자자는 언제나 시장에 존재하지만 진정한 부는 장기적인 안목과 철학에서 비롯된다.

비트코인 시장은 역사적으로 극심한 변동성을 반복했다. 변동성은 많은 이들에게 공포심을 심어 줬지만 폭풍우 속에서도 묵묵히 자산을 보유한 투자자들은 결국 막대한 부를 축적했다. 장기 보유 전략, 이른바 HODL이야말로 비트코인 투자의 가장 강력한 성공 방정식임을 역사가 증명한다.

HODL은 비트코인의 장기 보유 신념을 의미한다. 초기에는 단순한 인터넷 밈으로 시작했지만 이제는 밈을 넘어 가장 강력하고 성공적인 투자 철학 중 하나로 자리매김했다. 시간을 자산으로 삼아 비트코인을 꾸준히 보유한 이들은 결국 모두 부의 반열에 올랐다. 2025년 7월 기준 12만 달러라는 가격은 바로 이런 장기 보유 전략의 위대함을 증명하는 이정표다.

단기 시세 차익에 휩쓸릴 것인가 장기적 가치 저장에 몰두할 것인가

2025년 현재, 전체 비트코인 공급량의 70% 이상이 1년 넘게 이동하지 않은 채 지갑에 잠겨 있다. 이는 시장 참여자 대다수가 단기 시세 차익보다 장기적 가치 저장을 선택했음을 보여 주는 강력한 지표다.

시간이 흐르며 HODL은 막연한 신념이 아닌 데이터로 검증된 투자 방법론으로 진화했다. 이들의 분석은 단순한 추측이 아니다. 네트워크 효과, 절대적인 희소성, 4년마다 돌아오는 반감기를 통한 공급량 조절, 그리고 국경을 초월한 글로벌 수요가 그들의 분석을 뒷받침하는 핵심 근거다.

비트코인은 총공급량이 영원히 고정돼 있다. 이는 시간이 흐를수록 그 희소성이 기하급수적으로 증가함을 의미한다. 장기 보유자는 바로 이 희소성의 힘을 믿고 묵묵히 시간을 견딘다. 그리고 시간은 그 믿음에 반드시 보상으로 화답한다.

비트코인은 매일같이 강해진다. 비트코인 시장의 지형은 더는 개인 투자자 중심으로 그려지지 않는다. 이제는 수많은 기관 투자자가 시장의 핵심 플레이어로 참여하며 장기 보유 전략을 적극적으로 채택하고 있다. 미국의 스트래티지, 일본의 메타플래닛, 그리고 뒤이어 비트코인 보유를 발표하는 수많은 기업들까지 국적과 산업을 불문한 기업들의 진입은 비트코인을 포트폴리오의 한 축으로 인정하는 거대한 패러다임 전환을 의미한다.

기관은 단기 투기보다 장기적 관점에서 자산을 운용하므로 한번 매수한 비트코인을 쉽게 매도하지 않는다. 이는 시장의 유통량을 감소시켜 공급 충격을 유발하고 결과적으로 가격의 하방 경직성을 강화하는 효과를 낳는다.

높은 시간 선호도가 부르는 공포
낮은 시간 선호도가 만드는 평온

비트코인 투자 철학의 핵심에는 '시간 선호도'라는 개념이 자리 잡고 있다. 시간 선호도는 미래의 더 큰 보상보다 현재의 즉각적인 만족을 얼마나 더 선호하는지를 나타내는 척도다. 낮은 시간 선호도는 장기적 관점을 갖고 인내하는 성향을, 높은 시간 선호도는 단기적 이익을 좇는 성향을 의미한다.

높은 시간 선호도를 갖는 투자자는 비트코인 가격이 조금만 올라도 차익 실현의 유혹에 흔들리고 가격이 하락하면 공포에 질려 투매에 나선다. 이들은 시장의 변동성에 휘둘리며 자산을 불려 나가기 어렵다. 반면 낮은 시간 선호도를 갖는 투자자는 단기적인 가격 등락에 연연하지 않고 비트코인의 장기적 가치에 우직하게 집중한다. 이런 저시간 선호 마인드셋은 불필요한 감정 소모를 줄이고 시장의 소음에서 벗어나 평온한 투자를 가능하게 하는 심리적 앵커 역할을 한다. 비트코인이 지닌 탈중앙화된 네트워크, 절대적 희소성, 검열 저항성이라는 본질적 가치를 이해하기에 묵묵히 기다릴 수 있는 것이다.

결국 인내와 철학의 차이가 부의 격차를 만든다. 시간은 비트코인 투자에서 가장 정직하고 강력한 아군이다. 시간이 흐를수록 비트코인의 희소성은 더욱 빛나고 네트워크는 견고해지며 제도권의 신뢰는 깊어진다. 기관 투자자들의 참여는 이런 흐름을 더욱 가속하는 촉매제 역할을 한다.

비트코인 투자에서 성공의 열쇠는 단기적 가격 예측이 아닌 시간의 힘을 이해하고 인내하는 데 있다. 단기적인 변동성은 투자자의 인내심을 시험하는 과정일 뿐 본질적 가치와는 무관하다. 진정한 부는 장기적인 신뢰와 시간 속에서만 움튼다.

장기 보유는 단순한 투자 기법을 넘어 비트코인의 본질적 가치를 믿고 시간과 함께 성장하는 철학이다. 역사가 증명했듯 비트코인은 시간을 자신의 편으로 만든 투자자에게 언제나 가장 큰 보상을 안겨 줬다. 그리고 그 역사는 지금도 계속 쓰이고 있다.

당신은 시간을 내 편으로 만들 준비가 됐는가? 시장은 언제나 오르내린다. 그러나 진짜 부는 늘 '오래 가진 자'의 손에 남는다. 비트코인을 오래 보유한다는 건 지금까지의 날들과는 다르게 살겠다는 선언이자 나의 시간관과 가치관을 세상과 시장에 증명하는 일이다. 그리고 시간이 흐를수록 그 선언은 더욱 빛날 것이다.

비트코인을 선택하면
결국 보답받게 된다

우리는 매일 선택의 기로에 선다. 맛있는 음식, 향기로운 커피, 멋진 옷, 짜릿한 여행은 현재의 나를 즐겁게 한다. 반면 그 돈을 아껴 투자하는 것은 미래의 나를 위한 대비다. 당신은 오늘의 행복에 만족할 것인가, 아니면 미래의 가능성을 살 것인가?

결국 모든 투자는 현재의 소비를 미래로 유보하는 행위이며 오늘의 유혹을 이겨 내는 인내의 산물이다. 비트코인 투자 역시 다르지 않다. 오늘의 소비를 의식적으로 줄여 내일의 더 큰 기회에 투자하는 가치 판단의 결과다.

사람들은 "여윳돈이 있어야 투자한다"고 말한다. 하지만 대한민국 중산층의 현실에서 여윳돈은 뜬구름 같은 이야기일 때가 많다. 대학 등록금 대출로 시작된 빚은 신혼집 전세금, 육아 비용, 자녀 교육비,

그리고 내 집 마련 대출로 꼬리를 물고 이어진다. 평생 소득의 대부분을 빚을 갚는 데 쓰고, 마침내 자유로워질 때쯤에는 노후가 코앞이다. 자산을 축적할 절대적인 시간이 부족한 이 구조는 우리의 하루를 답답하게 만드는 적자 인생 곡선이다. 소득이 늘어도 지출이 더 가파르게 증가해 늘 적자를 메우기 급급한 삶이다.

소비의 유혹을 이겨 내야 경제적 자유에 이를 수 있다

악순환을 멈추는 투자 마인드의 핵심은 의외로 단순하다. '소비를 줄이고 남는 돈을 투자로 전환하는 것'. 그러나 이 단순한 원칙을 실천하기가 그렇게 어렵다. 스마트폰은 24시간 잠들지 않는 쇼핑몰이고 SNS는 화려한 소비의 각축장이다. 끊임없는 광고와 주변의 화려한 라이프스타일은 우리에게 남들처럼 즐기라고 유혹한다.

투자한다는 것은 바로 이 거대한 소비의 파도를 거슬러 오르는 힘, 즉 '소비 유보 능력'을 기르는 과정과 같다. 그리고 이 능력이 곧 자산 형성의 핵심 동력이다. 비트코인은 이런 장기적인 신념 투자에 최적화된 자산의 특성을 지닌다. 단기적으로는 극심한 가격 변동성을 보이지만 장기적으로는 희소성과 수요 증가라는 거대한 두 힘이 누적돼 가치를 끌어올린다. 이럴 때 가장 강력한 무기가 바로 적립식 투자다.

적립식 투자는 매달 또는 매주 정해진 금액만큼 꾸준히 비트코인을 매수하는 전략이다. 월급날 30만 원, 50만 원씩 자동으로 사들이는 것이다. 가격이 오를 때도, 내릴 때도 기계적으로 매수함으로써 평균 매입 단가를 안정시키고 시장의 변동성에 대한 스트레스를 줄일 수 있다. 이는 시세의 등락에 일희일비하지 않고 묵묵히 자산을 쌓아 가는 가장 현명한 방법이다.

비가 오고 눈이 내려도 비트코인을 사야 한다

만약 5년 전부터 매달 50만 원씩 비트코인을 샀다면 어땠을까? 가격이 비쌀 때는 적은 양을, 가격이 쌀 때는 더 많은 양을 매수했을 것이다. 시간이 지날수록 평균 단가는 시장의 변덕을 이겨 내며 하향 안정화되고 자산의 총량은 복리의 마법과 함께 꾸준히 우상향했을 것이다. 수많은 장기 투자자가 바로 이 방식으로 막대한 부를 일궈 냈다.

물론 현실의 장벽은 높다. 치솟는 생활비와 제자리걸음인 월급 속에서 주변 친구들의 신차, 명품 가방, 해외여행 사진은 소비의 유혹을 더욱 부채질한다. '나만 유행을 따라잡지 못하고 뒤처지는 건 아닐까?' 하는 불안감이 엄습한다.

이때 필요한 것은 거창한 결심을 넘어서는 강력한 자동 실행이다. 월급이 들어오자마자 일정 금액이 자동으로 비트코인 매수에 사용되도록 설정하는 것이다. 50만 원이 부담스럽다면 10만 원, 5만 원부터 시작해도 좋다. 중요한 것은 액수가 아니라 꾸준함이다. 또한 불필요한 소비를 투자로 전환하는 소비 전환 프로그램을 스스로 만들어 볼 수도 있다. 한 달 커피값 15만 원을 10만 원으로 줄여 5만 원을 투자하고, 사용하지 않는 OTT 서비스를 해지해 그 돈을 미래의 씨앗으로 심는 식이다.

선택은 당신의 몫이다. 가격이 오르면 환호하고 내리면 공포에 떠는 단기 투기꾼으로 남을 것인가, 아니면 매일의 쓸데없는 소비를 참고 묵묵히 미래를 준비하는 장기 투자자가 될 것인가? 투자는 단순한 금융 행위를 넘어 자신의 미래를 어떤 관점으로 바라보는지에 대한 철학적 질문을 던진다.

'당신은 시간이 지날수록 더 나아질 미래를 믿는가?'

세상의 다양한 유혹을 이겨 내고 투자 버튼을 누르는 그 행위야말로 당신이 그 질문에 "그렇다"라고 답하는 가장 확실한 증거다. 비트코인은 시간에 서는 당신에게 가장 정직한 보상을 안겨 줄 것이다.

선택은 항상
당신의 몫이다

비트코인이 다시 한 번 세상의 주목을 받고 있다. 연일 사상 최고가를 경신하고 블랙록과 같은 거대 자산 운용사의 현물 ETF가 승인됐으며 기관 투자자들이 본격적으로 시장에 진입하고 있다. 디지털 금으로서의 지위는 날이 갈수록 공고해진다. 사람들은 묻는다.

"지금이라도 비트코인을 사야 할까?"

그러나 우리가 던져야 할 진짜 질문은 하나다.

"나는 왜 비트코인을 필요로 하는가?"

남들이 제자리에 머물 때
앞으로 나아가야 한다

비트코인은 이 시대의 근본적인 질문에 대한 하나의 응답이다. 돈이란 무엇인가? 부의 본질은 무엇이며 어떻게 지켜야 하는가? 나는 어떤 삶을 살고자 하는가? 비트코인은 우리를 본질적이고 현실적인 고민들 앞에 세운다.

결국 비트코인을 공부하고 선택하는 과정은 자신의 삶을 주체적으로 설계하는 과정이다. 부를 축적하는 진정한 목적은 수익률이 아니라 내 삶의 통제권을 외부의 간섭으로부터 지켜 내는 것이다.

우리는 비트코인이 어떤 잠재력을 지녔는지 그리고 이 세상에 왜 비트코인이 필요한지에 대해 이야기해 왔다. 비트코인은 오랜 시간을 거쳐 결국 제도권 편입에 성공했다. 그럼에도 아직까지 비트코인의 가치를 믿지 않는 투자자들, 비트코인이 폰지 사기이자 디지털 튤립이라고 말하는 이들이 여전히 많다. 경제적 굴레에서 벗어나기 위해서는 다른 이들이 믿지 않을 때 미래를 만들어 갈 기술을 알아보는 선구안이 필요하다.

비트코인의 보급과 수용이 확산됨에 따라 투자, 금융, 일상이 어떻게 바뀌어 갈지 고민해야 한다. 우리의 삶에서 비트코인이 차지할 위치와 그로 인해 변화될 모습에 대해 스스로 고민하고 각자가 생각하는 미래를 직접 그려 나가야 한다.

비트코인은 투자 상품이나 금융의 한 축을 넘어 사회와 경제 변화를 이끌어 낼 중요한 도구다. 법정 화폐 시스템이 만들어진 이래 인류가 새롭게 설계한 첫 화폐 시스템이자 새로운 패러다임을 가능케 한 존재다.

우리는 단순한 가격 변화가 아닌 인식의 변화를 이미 목도하고 있다. 비트코인은 이제 세상에 자리를 잡았으며 그 시스템이 안정될수록 더 많은 이들에게 가치를 제공할 것이다.

비트코인을 신뢰하는 사람들이 지금보다 더 늘어난다면 어떤 변화가 일어날까? 이는 단순히 숫자의 증감을 의미하지 않는다. 누군가는 비트코인이 근본적 가치가 없다고 비판하지만 비트코인은 전통적 가치 산정법으로 평가할 수 있는 시스템이 아니다. 비트코인은 스스로 하나의 온전한 네트워크를 만드는 데 성공했다. 이제 이 네트워크가 세상 속에서 어떤 역할을 담당하느냐에 따라 1비트코인의 가치가 결정될 것이다.

현명한 질문은
비트코인이라는 답을 도출한다

비트코인이 전 세계의 투자 자산으로 자리 잡는다면 어떨까? 신흥국의 화폐로 사용된다면 어떨까? 기관 투자자들의 기본 투자 자산이 된다면 어떨까? 글로벌 결제가 비트코인을 기반으로 진행된다면 어떨까? 비트코인이 미래의 금을 대체한다면 어떨까?

이 거대한 흐름 속에서도 핵심은 변하지 않는다. 비트코인은 당신의 삶을 위한 도구다. 남들이 사니까, 가격이 오르니까, 유행이니까 사는 것이 아니다. 당신의 철학, 가치관, 그리고 시간 계획에 맞춰 스스로 결정해야 한다.

당신이 믿는 비트코인의 미래는 어떤 모습인가? 머릿속에 그려진 미래가 지금보다 더 멋진 모습이라면 비트코인을 사야 한다. 반면 당신이 그리는 비트코인의 미래가 현재보다 축소된 모습이라면 비트코인을 사지 말아야 한다.

설령 비트코인을 믿지 못해 결국에는 투자를 시도하지 못해도 후회할 필요는 없다. 인생에서 기회는 단 한 번만 오는 것이 아니다. 언제나 세상과 마주하고, 새로운 세상을 만들어 내는 미래에 주목해야 한다.

우리를 둘러싼 환경이 변화할 때 세상이 어디로 향하고 있는지 빠르게 포착하려는 노력이 있으면 된다. 일상의 매너리즘에 빠져 삶의 굴레를 벗어날 기회를 흘려보내서는 안 된다. 선택의 과정은 결국 자신에게 질문을 던진다.

"나는 어떤 삶을 원하는가?"
"나는 어떤 가치를 믿는가?"

진정한 경제적 자유는 더 많은 돈을 갖는 것이 아니라 내가 원하는 방식으로 오늘 하루를 살아갈 수 있는 힘을 기르는 것이다. 수많은 선택지가 범람하는 세상에서 흔들리지 않는 나만의 기준을 세우는 것이야말로 진정한 자유다.

비트코인은 우리에게 이렇게 답한다.

"이제, 당신이 선택할 차례다."

소비자에서 빌더로,
건강한 프리미엄을 향해

"비트코인이 한국에서 더 비싸게 거래된다고?"

처음 암호 화폐 업계에 입문한 이들에게 '김치 프리미엄(이하 KP)'은 낯설지만 흥미로운 개념이다. 그것은 단순한 가격 차이 그 이상이다. 한국이라는 특수한 경제 및 문화적 맥락 속에서 발생하는 정서, 규제, 접근성, 심리의 복합체이다.

KP는 간단히 말해 한국 거래소에서의 암호 화폐 가격이 글로벌 평균보다 높게 나타나는 현상을 말한다. 2017년 말, 한국의 비트코인 가격은 미국보다 40~50% 이상 높게 거래되며 전 세계의 주목을 받았다. 이는 자연스레 차익 거래 기회가 됐고 일부 해외 투자자들과 고래들은 막대한 수익을 얻었다. 반면 한국의 개인 투자자들은 정보 비대칭과 규제 사각지대에서 고가에 암호 화폐를 매입하며 손해를 입었다.

가격 왜곡이 만드는
사회 현상들

프리미엄의 핵심은 가격 왜곡이다. 가격 왜곡은 곧 시장 왜곡이며 이는 거래소 간 자금 이동을 제약하는 규제, 폐쇄적인 시스템, 나아가 투자자들의 FOMO가 만들어 낸 결과물이다.

2024년 4월, 암호 화폐 파생 상품 거래소 비트멕스(BitMEX) 창립자 아서 헤이즈는 본인의 X 계정에 이런 글을 올렸다.

"에데나(ENA)가 폭등하고 있지만 아직 한국인들은 매수세에 참여하지도 않았다. 만약 김치가 온다면….""

헤이즈는 에데나랩스의 초기 투자자로, 에데나가 글로벌 거래소 상장으로 상승세를 보이자 흥미로운 관점을 제시했다. 그는 한국 투자자들이 아직 본격적인 매수에 나서지 않았다며 이들이 시장에 참여할 때 더 큰 유동성이 발생할 것이라고 분석했다. 나아가 한국 투자자들이 대거 시장에 진입해 본격적인 상승 랠리가 시작되면 그때가 바로 고점이자 매도 타이밍이 될 것이라고 암시했다. 이런 발언에 많은 한국인들이 강한 불쾌감을 드러냈다. 나 역시 아서 헤이즈의 계정에 "한국인을 김치라고 지칭하는 것은 흑인을 N-word로 부르는 것만큼 무례한 행위"라고 직접 의견을 표했다. 헤이즈뿐만이 아니다. 국내 다수의 가상 자산 프로젝트에 유동성을 공급하는 DWF랩스 창립자 안드레이 그라체프도 본인의 X 계정에 "kimchi hehehe"라는 멘션을 남긴 후 논란이 일었다. 이는 한국 시장이 해외 투자자들의 덤핑 물량을 모두 수거한다는 의미가 담긴 조롱이었기 때문이다.

국내 암호 화폐 시장은 한국 사람들의 암호 화폐 친화성, 유동성 등 다양한 측면에서 두각을 나타내고 있다. 그러나 시장 반응이 빠르고 자본이 풍부한 만큼 유명 글로벌 트레이더들이 수익을 빠르게 실현할 수 있는 유동성 창구로 취급받기도 했다. KP는 단순한 일시적 현상이 아니었다. 이는 한국 암호 화폐 시장이 글로벌 시장과 유리된 채 움직이는 구조적 문제를 드러낸 신호였다. 이런 현상이 낳는 문제점은 어떤 것이 있을까?

첫째, 잘못된 투자 기준이다.

글로벌 평균과 단절된 시장은 투자자에게 왜곡된 기준으로 의사결정을 유도한다. '한국에서 가격이 이렇게 오르면 다른 나라도 곧 오르겠지'라는 착각은 투자자들의 잘못된 투자 심리를 자극한다.

둘째, 글로벌 거래소와의 단절이다.

많은 한국 투자자는 자금 반출 규제로 인해 글로벌 거래소에 접근하지 못하고 국내 거래소 중심으로 거래하게 됐다. 한국을 제외한 미국, 싱가포르, 유럽 등은 기본적으로 자산 반출 자체는 허용하되 세금 신고와 자금 세탁 방지 요건만 충족하면 되는 구조다. 반면 한국은 자산의 흐름 자체를 제한하려는 성격이 강하다. 이는 오히려 리스크 헷지를 제한하는 구조다.

셋째, 정부의 과도한 규제 정당화다.

과거 형성된 KP는 언론과 정부에게 '암호화폐 투자는 곧 투기다'라는 서사를 제공했다. 정부는 자금 세탁, 불법 해외 송금, 묻지마 투자라는 프레임을 통해 시장 전반에 대한 규제를 강화했고 이는 장기적으로 혁신의 속도를 늦추는 결과를 낳았다.

프리미엄이 건강하게 작용한 긍정적 사례

일본의 메타플래닛은 원래 호텔 운영 및 Web3 관련 사업을 하던 일본의 상장 기업으로, 2024년 4월부터 비트코인을 주요 자산으로 편입하는 전략을 채택하며 아시아 최대 비트코인 보유 상장 기업으로 부상했다. 이 전략은 미국의 스트래티지를 모델로 삼아 비트코인을 기업 자산으로 적극 매입하고 이를 재무 전략의 핵심으로 삼는 방식이다. 2025년 6월 기준, 메타플래닛은 약 12,345 BTC(약 13억 달러, 평균 매입가 약 9만 8,000달러)를 보유하며 전 세계 7위, 아시아 1위의 비트코인 보유 상장 기업이 됐다.

메타플래닛의 주가는 2024년 대비 4,000% 이상 급등하며 실제 주당 비트코인 내재 가치 대비 약 다섯 배에 달하는 프리미엄을 형성하기도 했다. 이는 투자자들이 직접 비트코인을 매입하는 대신 메타플래닛 주식을 통해 비트코인 노출을 선호하며 발생한 NAV(순자산 가치) 프리미엄이다.

한국은 K-뷰티, K-푸드, K-팝 등 글로벌 경쟁 환경 속에서 한국이 더욱 잘할 수 있는 산업을 발굴하고 글로벌 존재감을 키워온 자랑스러운 나라다. 하지만 동시에 글로벌 가상 자산 시장에서는 유통처이자 소비자로서 마지막 상승 랠리를 장식하는 창구 기능을 하기도 했다. 이제는 K-콘텐츠를 생산해 온 '빌더'로서 주목받을 필요가 있다.

한국이 받아야 하는 프리미엄은 알트코인 상승 랠리의 마지막 고점에 탑승해서 만드는 코인 프리미엄이 아니다. 글로벌 환경에서 독보적 가치를 만들어 냈고 또 만들어 내고 있는 상장사 기업들이 비트코인을 재무 자산으로 편입하며 본 사업과 비트코인 보유 재무 전략, 두 축으로 만드는 기업 가치의 시너지와 멀티플이다. 한국에도 건전한 비트코인 전략 보유 기업들이 많이 생기길 바란다.

4장

비트코인이
바꾸는 내일은
어떤 모습일까?

정책 전환, 글로벌 경쟁, 제도권 편입이 부르는
비트코인의 황금기

양날의 검 K-프리미엄, 기회인가 경고인가

　한국 암호 화폐 시장에 국내외 비트코인 가격의 불일치, KP 현상은 지속적으로 나타나고 있다. 한때 0%에 수렴하거나 심지어 마이너스를 기록했던 프리미엄은 2025년 초 10% 수준으로 재부상하기도 했다.

　이 프리미엄은 단순한 숫자를 넘어 한국 투자자만 경험할 수 있는 독특한 리스크와 기회를 의미한다. 상승장에서는 수익을 증폭시킬 수 있지만 하락장에서는 자산 가격과 프리미엄이 동시에 붕괴하는 '이중 손실'을 초래할 수도 있다. 이런 환경을 헤쳐나가기 위해서는 한국 시장을 이해하는 것이 필요하다. KP는 무작위적인 변칙이 아니라 한국 시장의 구조적 고립이 낳은 필연적 결과물이다. 이 현상의 본질을 이해하는 것은 비트코인 투자의 출발점이다.

가격에 프리미엄이 끼는
근본적인 이유

KP는 국내 거래소의 암호 화폐 가격이 해외 거래소 가격을 얼마나 웃도는지 나타내는 지표다. 역사적으로 이 프리미엄은 극심한 변동성을 보여 왔다. 2017~2018년의 대세 상승기에는 60%에 육박할 정도로 치솟았고 시장 침체기나 글로벌 수요가 강했던 시기에는 국내 가격이 오히려 저렴해지는 '역 프리미엄(이하 역프)' 현상까지 나타났다. 최근에는 다시 2~5% 수준을 오가며 존재감을 드러내고 있다. 이는 KP가 고정된 특성이 아니라 시장의 스트레스, 투자 심리, 그리고 구조적 마찰을 반영하는 역동적인 증상임을 증명한다.

역프의 존재는 가격 괴리가 일방통행이 아니며 국내와 글로벌 시장의 힘겨루기가 복잡하게 얽혀 있음을 알린다. 이런 불균형은 한국 비트코인 시장에서의 지속적인 수요 공급 불균형에서 탄생한다. 그렇다면 어떤 요소들이 프리미엄을 만드는 것일까?

첫째, 자본 통제다.

외국환거래법은 암호 화폐 구매를 위한 원화의 해외 송금을 엄격히 제한한다. 이는 가격 차이를 해소하는 시장 메커니즘인 차익 거래를 어렵고 법적 위험이 큰 행위로 만든다.

둘째, 기관 및 외국인 투자자 배제다.

특정금융정보법(이하 특금법) 시행 이후 비거주 외국인과 대부분 국내 법인의 시장 참여가 사실상 차단됐다. 이는 잠재적 매도자와 유동성 공급자의 풀을 극적으로 축소했다.

셋째, 국내 공급 부재다.

높은 전기료와 인프라 부재 등의 이유로 국내에서의 암호 화폐 채굴은 미미한 수준이다.

넷째, 높은 개인 투자자 참여다.

한국 인구의 상당수가 암호 화폐 거래에 적극적으로 참여하며 강력한 국내 수요 기반을 형성한다.

다섯째, 투기적 열기다.

KP는 종종 '개인 투자자 FOMO'로 묘사되기도 한다. 상승장에서는 경험이 부족한 개인 투자자들이 시장가 주문을 통해 공격적으로 가격을 끌어올리며 프리미엄을 높이고 하락장에서는 역프를 강화하는 경향이 있다.

이런 배경을 통해 우리는 KP의 본질을 더 깊이 파악할 수 있다. 즉 자본 흐름을 통제하고 금융 활동을 규제하려는 국가의 의지가 국경 없는 탈중앙화 자산과 만났을 때 발생하는 마찰이다.

정부는 외국환거래법과 특금법 등을 통해 자국 금융 시스템에 대한 통제권을 유지하고 자금 세탁과 같은 불법 행위를 방지하고자 한다. 그러나 비트코인은 글로벌 수요와 공급에 의해 가격이 결정되는 글로벌 자산이다. 이런 규제는 자본과 자산의 자유로운 이동을 막는 장벽을 세움으로써 한국 시장을 인위적으로 분절시킨다. 분절된 시장에서 강력한 국내 수요는 글로벌 공급에 의해 충족될 수 없으며 이는 필연적으로 가격 괴리로 이어진다. 따라서 KP는 시장의 실패가 아니라 국가 중심의 금융 통제를 국적이 없는 디지털 상품에 적용했을 때 나타나는 결과이자 시장 가격에 찍힌 규제 정책의 어두운 발자취와 같다.

가격 괴리 속에서 발생하는
이중 손실의 함정

차익 거래자, 일명 '보따리상'은 바이낸스나 코인베이스 같은 해외 거래소에서 암호 화폐를 저렴하게 구매해 업비트, 빗썸, 코인원 같은 국내 거래소에서 판매함으로써 KP를 통한 이익을 얻는다. 역프를 활용한 수익도 가능하다. 이런 과정에서 자금 이동을 위해 복잡하고 불법적인 방법이 동원되는 경우도 많다.

예를 들어 허위 무역 송장을 위한 유령 회사를 설립하거나 신고 기준액 이하로 자금을 보내는 쪼개기 송금 등이 사용된다. 당국은 이런 활동을 외국환거래법 위반으로 간주하고 적극적으로 추적해 대규모 조사와 기소까지 이어 갔다.

그러나 법원은 상충하는 판결을 내놓기도 했다. 일부 세간의 이목을 끈 사건에서는 피고인의 행위가 '미등록 외국환업무'에 해당하지 않거나 자금 이전의 주체는 개인이 아닌 은행이라는 이유로 무죄가 선고되기도 했다. 이런 불확실성은 고위험-고수익의 '그레이마켓(공식 유통 경로를 거치지 않고 상품이 유통되는 시장)'을 조장해 불법 행위자를 유인하고, 시장 변동성을 증폭시키며, 궁극적으로 규제 목표 자체를 훼손한다. 법률 시스템의 모호함이 오히려 시장 불안정의 원인이 되고 있는 것이다.

정부의 목표는 불법 외환 거래를 막는 것이지만 이들이 사용하는 법적 도구는 비트코인 이전에 만들어졌다. 차익 거래자들은 바로 이 규제가 만든 가격 격차를 이용한다. 법원의 판결이 일관되지 않다는 점은 법이 명확하지 않다는 신호다. 법적 명확성의 부재는 차익 거래를 막지 못하고, 거래를 은폐하기 위해 더 정교하고 불법적인 경로와 방법을 부추길 뿐이다. 회색 영역에서의 활동은 갑작스러운 암호화폐 유출입을 일으켜 프리미엄을 등락시키고 이는 시장 참여자가 예측하기 어려운 가격 조정과 변동성 증가로 이어진다. 결국 디지털 자산 이전에 대한 명확하고 현대적인 법적 틀을 제공하지 못하는 사법 시스템이 규제 당국의 목표와는 다르게 역설적으로 시장 리스크와 불안정의 원천이 되고 있다.

이는 한국 투자자가 직면한 주요 리스크다. 시장 하락 국면에서는 비트코인 가격 자체의 하락뿐만 아니라 프리미엄을 부풀렸던 투기적 열기가 증발하며 프리미엄 역시 동시에 붕괴한다. 이는 '이중 손실'이라는 최악의 결과를 낳는다.

　예를 들어 한 투자자가 비트코인의 글로벌 시세가 1억 원(약 7만 달러)일 때 10%의 프리미엄을 지불하고 1억 1,000만 원에 비트코인 1개를 매수했다고 가정하자. 그러나 글로벌 시세가 20% 하락해 8,000만 원(5만 6,000달러)이 되고 동시에 프리미엄이 0%로 붕괴하면 투자자의 자산 가치는 이제 8,000만 원이 된다. 1억 1,000만 원에서 8,000만 원으로 약 27%의 손실을 입게 되는데 이는 기초 자산의 하락률인 20%를 훨씬 상회하는 수치다. 이런 리스크 변동성은 한국 시장 고유의 위험 요소라고 할 수 있다.

　KP 계산은 원 달러 환율과도 연동돼 있다. 환율 상승(원화 가치 하락)은 암호 화폐 가격이 고정돼 있더라도 계산된 프리미엄을 인위적으로 억누를 수 있으며 환율 하락(원화 가치 상승)은 프리미엄을 부풀릴 수 있다.

　투자자들은 KP가 높게 붙은 암호 화폐를 매수할 때 실제로는 세 가지 변수에 암묵적으로 베팅하고 있음을 인지해야 한다. 자산의 가격 변동성, 프리미엄의 안정성, 원 달러 환율이다. 시장 변동성과 프리미엄이 함께 작동하는 구조 속에서 투자자가 실제로 지불하는 프리미엄과 리스크는 예측이 어려워지게 된다.

　가장 흔한 실수는 상승하는 프리미엄을 강세장의 신호이자 매수 근거로 해석하는 것이다. 훈련된 전략가는 정반대로 행동한다. 높게 상승하는 프리미엄은 국내 투기가 고조되고 있으며 이중 손실 시나리오의 위험이 증가했다는 명백한 신호다. 따라서 프리미엄은 진입 시점을 잡기 위한 도구가 아니라 리스크 관리를 위한 최우선 변수가 돼야 한다. 프리미엄이 높을수록 후속 배분 비중은 낮아져야 하며 이익 실현에 대한 경향은 더 강해져야 한다.

또한 프리미엄의 수준에 따라 투자 전략을 세워 활용할 수도 있다. 시장 거품이 증가할 때 체계적으로 리스크를 줄이고 국내 심리가 글로벌 시장에 비해 비관적일 때 노출을 늘리는 데 베팅을 늘린다. 이는 KP를 활용해 아래와 같은 전략을 운용 가능하게 만든다.

역프 구간(KP<0%)은 국내 시장의 가격이 글로벌 대비 낮은 상태를 의미한다. 이는 한국 시장이 저평가됐거나 글로벌 수요가 강한 경우로 해석할 수 있다. 이럴 때는 적극적 매수가 유효하다. 포트폴리오 내 비트코인 비중을 확대하거나 보유 중인 현금을 투입해 분할 매수하는 전략이 효과적이다. 글로벌 대비 저렴한 가격에서 매수할 수 있는 기회이기 때문에 해외 기관 투자자들이 국내 거래소에서 초기 신호를 보일 가능성도 존재한다.

낮은 프리미엄 구간(0%≤KP<3%)은 시장이 안정적이거나 정상 상태에 가까운 상황을 반영한다. 이 경우에는 점진적인 축적 전략이 적합하다. 즉 분할 매수를 통해 평균 단가를 낮추는 적립식 투자 전략을 사용하고 장기 보유 포지션을 늘리는 접근이다. 프리미엄이 과도하지 않고 상대적으로 리스크가 낮은 구간이기 때문에 중장기적 관점에서 유효한 매수 시점으로 간주된다.

높은 프리미엄 구간(3%≤KP<5%)은 국내 시장이 과열될 조짐이 있는 상태다. 이 시기에는 주의가 필요하다. 신규 매수를 중단하고 일부 수익 실현을 고려하는 것이 합리적일 수 있다. 프리미엄이 높아지면 개인 투자자들의 FOMO가 유입되고 이로 인해 시장의 변동성이 커질 수 있다. 이 구간은 더 이상 건강한 매수 환경이라고 보기 어렵기 때문에 조심스럽게 포지션을 재조정할 필요가 있다.

극심한 프리미엄 구간(KP≥5%)은 시장이 위험 최고조 상태거나 투기성 버블이 형성돼 있을 가능성이 크다. 이때는 적극적인 위험 관리가 요구된다. 포트폴리오 내 보유 비중을 줄이고 현금 비중을 늘려야 하며 단기 손실을 감수하고서라도 리스크를 줄이는 것이 필요하다. 이 구간에서는 이중 손실 가능성이 매우 높아 자산 가치가 급격히 훼손될 수 있다.

이처럼 KP는 단순한 가격 지표를 넘어 투자자에게 현재 시장이 어떤 상태인지, 어떤 전략을 취해야 하는지를 알려 주는 중요한 신호다. 따라서 프리미엄 수준을 면밀히 관찰하고 그에 따라 적절한 투자 스탠스를 유지하는 것이 리스크를 줄이고 기회를 극대화하는 핵심이다.

KP는 적극적으로 관리해야 할 구조적 리스크다. 이는 한국에서의 비트코인 투자를 독특한 접근법을 요구하는 시장으로 변모시킨다. 프리미엄을 무시하는 것은 포트폴리오의 주요 리스크 중 하나를 외면하는 것과 같다.

KP의 궁극적인 해결책은 규제의 진화에 있다. 국내 법인과 금융기관의 시장 참여를 허용하면 상당한 유동성과 정교한 차익 거래 역량이 도입돼 장기적으로 프리미엄을 축소하고 안정화시킬 가능성이 높다. 그때까지 KP는 한국 시장을 정의하는 특징으로 남을 것이다. 한국에서 성공적인 비트코인 투자는 KP의 변동성을 효과적으로 관리하는 것에서 출발한다. 프리미엄을 리스크 지표로 취급하고, 훈련된 포트폴리오 배분을 유지하며, 감정 없이 계획을 실행하라. 그것이 한국 시장이라는 고립된 생태계에서 장기적인 비트코인 투자와 성공을 위한 신뢰할 수 있는 유일한 길이다.

규제를 넘어 전략으로, 한국의 비트코인 채택 로드맵

글로벌 금융 지형이 변곡점을 맞이했다. 작년 미국과 홍콩에서 승인된 비트코인 현물 ETF는 단발성 사건이 아니라 비트코인이라는 자산의 제도권 편입을 알리는 명백한 신호였다. 이런 변화는 비트코인을 소수 개인 투자자의 투기 대상에서 주류 금융 기관과 규제 당국이 반드시 고려해야 할 자산군으로 변모시켰다. 금융 중심지로서의 위상을 만들어 가고자 하는 한국의 정책 패러다임은 이제 단순한 규제와 통제에서 벗어나 관리된 통합과 전략적 자산 배분으로 진화해야 한다. 더 이상 '도입할 것인가'의 문제가 아니다. '어떻게, 언제' 이 새로운 현실을 수용할 것인지가 핵심이다.

SEC는 2024년 1월 10여 년간의 거부 끝에 11개의 비트코인 현물 ETF를 승인했다. 이는 비트코인 자체에 대한 SEC의 입장이 변했다기보다 선물 ETF와 현물 ETF를 차별적으로 대우하는 것이 자의적이라는 법원의 판결에 따른 결과였다(비트코인 선물 ETF는 2021년부터 거래돼 왔다). 현물 ETF 승인 이후 기관 투자 자금은 비트코인으로 쏟아졌다. 불과 몇 달 만에 이들 ETF는 대규모 투자 자금을 흡수했으며 블랙록의 IBIT 같은 상품은 ETF 역사상 가장 빠르게 성장한 ETF로 기록을 세웠다.

세계는 각자의 시간 대신 미국의 시간을 따르고 있다

기관 자금의 유입은 비트코인 시장의 구조를 근본적으로 바꿨다. 거래량은 이제 미국 시장 시간대에 집중되며 뉴욕 시간 오후 3시에서 4시 사이의 가격 결정 시간에 특히 급증한다. 2024년 기준 이 시간대 거래량 비중은 과거 4.5%에서 6.7% 이상으로 증가했다. 미국 시장 시간대 거래량은 46%에 달한다. 반면 주말 거래량 비중은 2019년 최고치였던 28%에서 사상 최저치인 16%로 급감했다.

데이터가 시사하는 바는 명확하다. 24시간 연중무휴로 움직이던 글로벌 개인 투자자 중심의 비트코인 시장이 전통적인 미국 금융 기관의 근무 시간에 맞춰 재편되고 있다는 점이다. 이는 단순한 거래 시간의 변화를 넘어 자산의 성격 자체가 변하고 있음을 의미한다. 비트코인의 가격 메커니즘이 이제는 기관 투자자의 자금 흐름, ETF 차익 거래, 그리고 전통 시장의 위험 선호와 회피 심리에 의해 크게 좌우되고 있다. 이런 움직임의 이면에는 더 깊은 지정학적 계산이 깔려 있다. 중국 본토는 가상 자산 거래를 엄격히 금지하고 있지만 부동산 및 주식 시장 침체로 투자자들은 대체 자산을 찾고 있다. 홍콩의 ETF 승인은 당장 본토 투자자에게 열려 있지는 않아도 장기적으로 '강구퉁(중국 본토 투자자들이 홍콩 증권 거래소에 상장된 주식을 매매할 수 있도록 하는 제도)'과 같은 시스템을 통해 중국 자금 유입의 통로가 될 수 있는 제도적 인프라를 구축한 것이다. 이는 중국 정부가 신뢰할 수 있는 대리인을 통해 이 새로운 자산군으로의 자본 흐름을 통제하려는 지정학적 전략으로 해석될 수 있다.

한발 느리게 출발한 한국은 어떻게 세계를 따라잡아야 할까

반면 비트코인 현물 ETF조차 출시되지 않은 한국의 현 상황은 단순히 금융 혁신의 기회를 놓치는 것을 넘어 미래 금융의 주도권을 둘러싼 역내 경쟁에서 전략적으로 뒤처지고 있음을 의미한다. 한국이 논쟁을 거듭하는 동안 해외 국가들은 막대한 자본을 디지털 자산 생태계로 끌어들일 파이프라인을 건설하며 금융 중개자로서의 입지를 굳히고 있다.

한국의 가상 자산 규제는 산업 진흥보다는 위험 관리에 초점이 맞춰져 있다.

첫 번째 규제는 2021년 시행된 특금법이다.

이 법은 자금세탁방지(AML) 및 테러자금조달방지(CTF)에 중점을 둔다. 가상자산사업자(VASP)에게 금융정보분석원(FIU) 신고, 고객확인제도(KYC) 이행, 실명 확인 입출금 계정 확보 등을 의무화했다. 그러나 특금법은 가상 자산을 제도화하거나 산업으로 육성하기 위한 법이 아님을 명시하고 있다.

두 번째 규제는 2024년 7월부터 시행된 '가상 자산 이용자 보호 등에 관한 법률(가상자산이용자보호법)'이다.

이는 시장의 위기 상황에 대응하기 위한 초기 입법으로, 핵심 내용은 '이용자 자산 보호'와 '불공정거래 규제'로 나뉜다.

여기서 규제의 실용성 부족이 드러난다. 정부는 특금법과 가상자산이용자보호법을 통해 가상 자산을 이용자 보호와 시장 질서 유지가 필요한 독자적 재산으로 인정하고 정교한 규제 체계를 만들고자 한다. 그러나 동시에 금융 위원회(이하 금융위)는 2017년에 발표한 행정 지도를 근거로 제도권 금융 기관의 가상 자산 관련 모든 활동을 사실상 금지하고 있다. 이는 법률로는 시장의 존재를 인정하지만 정책적으로는 가장 엄격한 규제로 주체들의 참여를 원천 차단하는 이중적 태도다. 이런 법적 불협화음은 진전을 가로막는 가장 큰 장애물이며 일관성 있는 로드맵은 이 내부 정책 충돌을 해결하는 것에서부터 시작돼야 할 것이다.

이제는 제도권 안으로 들어올 시간이다

 2024년 1월, 미국의 ETF 승인 직후 금융위는 국내 증권사가 해외에 상장된 비트코인 현물 ETF를 중개하는 것은 법적 해석상 위법 가능성이 있다는 유권 해석을 내렸다. 금융위가 제시한 법적 근거는 두 가지다.

 첫째, 2017년 투기가 과열되던 시기에 발표된 '가상통화 관련 긴급 대책'이다.

 이 행정 지도는 금융 기관의 가상 자산 보유, 매입, 지분 투자를 금지하고 있으며 법률은 아니지만 규제 정책으로서 효력을 발휘하고 있다.

둘째, 현행 자본 시장법상 비트코인이 ETF의 기초 자산 요건을 충족하지 못한다는 해석이다.

자본 시장법은 기초 자산으로 금융 투자 상품, 통화, 일반 상품 등을 허용하지만 비트코인의 법적 지위는 여전히 모호하다. 직접 투자는 금지돼 있지만 1,000조 원이 넘는 기금을 운용하는 국민연금공단(이하 국민연금)은 이미 수년간 가상 자산 생태계에 간접적으로 투자해 왔다. 국민연금은 미국에 상장된 가상 자산 거래소 코인베이스와, 사실상의 비트코인 보유 기업이 된 스트래티지의 주주다. 그들은 투자를 통해 천억 원을 넘는 평가 이익을 기록하며 높은 수익성을 보였다.

규제에 발목 잡혀 앞으로 나아가지 못하는 현실

현재의 정책은 국민연금을 역설적인 상황으로 내몰고 있다. 국민연금은 이미 비트코인 가격 변동성에 노출돼 있지만 이는 비효율적이고 더 높은 위험을 수반하는 '기업 주식'이라는 간접적인 방식을 통해서다. 스트래티지 주식은 프리미엄을 보이기도 하지만 비트코인 가격 위험에 더해 기업 고유의 운영 위험, 경영진 위험, 주식 시장 위험까지 모두 포함한다. 현 정책은 국민연금이 이미 부담하고 있는 위험을 가장 신중하고 비용 효율적인 방식으로 관리하는 것을 오히려 가로막고 있다.

따라서 기관 투자자에게 비트코인 현물 ETF 접근을 허용하는 것은 새로운 투기적 위험을 도입하는 것이 아니라 기존 포트폴리오 노출을 관리하기 위한 더 우월한 도구를 제공하는 것이라는 관점에서 접근해야 한다. 이는 수탁자 책임과 리스크 관리 효율성의 문제다. 국민연금의 이런 관심은 예외적인 것이 아니다. 전 세계적으로 기관 투자자들이 비트코인에 자산을 배분하는 추세가 확산되고 있다.

미국: 위스콘신, 미시간, 애리조나, 플로리다 등 여러 주의 공적 연기금이 비트코인 ETF에 투자하고 있거나 투자를 허용하는 법안을 적극적으로 검토 중이다.

일본: 세계 최대 연기금인 일본 공적연금(GPIF)은 비트코인과 같은 대체 자산을 포트폴리오에 포함하는 방안을 공식적으로 연구하고 있다.

기타: 뉴질랜드의 퇴직 연금 기금 키위세이버와 휴스턴 소방관 퇴직 연금은 이미 비트코인과 이더리움에 직접 자산을 배분했다.

이들 수탁 기관은 비트코인 투자를 투기가 아닌 포트폴리오 다각화 수단으로 인식하며 통화 가치 하락 및 인플레이션에 대한 장기적 헤지 수단, 즉 디지털 금으로 간주한다. 그러나 한국의 움직임은 이런 글로벌 자산 배분 전략의 변화에서 뒤처지고 있다.

숙고의 시간은 끝났다
이제는 행동해야 한다

글로벌 금융 시장의 지형은 이미 시시각각 바뀌는 중이다. 거대한 변화의 흐름 속에서 안타깝게도 우리는 과거의 규제 패러다임에 갇혀 기회의 창을 놓치고 전략적 고립을 자초하고 있다. 이제는 머뭇거릴 시간이 없다. 디지털 자산의 제도권 편입은 피할 수 없는 현실이며 오히려 대한민국의 자본 시장을 한 단계 도약시키고 금융 허브로서의 위상을 확보할 수 있는 절호의 기회다.

물론 내재된 위험은 명확히 인지하고 관리해야 한다. 모든 개혁의 시작은 법적·제도적 불확실성을 걷어 내는 것에서 출발한다. 기관 투자자들이 시장에 진입하려 해도 발을 딛고 설 땅 자체가 없다면 아무 의미가 없다. 법률에 비트코인을 투자 신탁 및 ETF의 기초 자산으로 명시적으로 포함하는 것은 제도권 편입의 법적 근거를 마련하는 핵심적인 첫 단추다.

또한 우리는 과거의 모순된 정책 기조와 결별해야 한다. 2017년 금융위가 발표했던 금융 기관의 가상 자산 관련 업무 금지 행정지도는 현재의 글로벌 흐름과 정면으로 배치된다. 금융위는 공식적으로 새로운 시대에 맞는 가이드라인을 제시해 정책적 일관성과 법적 확실성을 부여해야 한다.

마지막으로 기관 투자자들이 안심하고 자산을 맡길 수 있는 기관용 커스터디 프레임워크를 구축해야 한다. 은행 및 신탁 회사가 적격 수탁 기관으로서 역할을 할 수 있도록 명확한 자본금 요건, 최고

수준의 보안 프로토콜, 보험 의무화, 책임 소재 규정 등을 담은 새로운 규정을 신설해야 한다. 이는 신뢰의 인프라를 구축하는 일이다.

견고한 법적 기반이 마련됐다면 다음은 기관 투자자들이 실질적으로 참여할 수 있는 시장과 상품을 만드는 단계다. 그 중심에는 비트코인 현물 ETF의 상장 및 중개 허용이 있다. 미국 SEC의 사례처럼 거래소 간 시장 감시 공유 협약을 의무화하고 유동성 공급자(LP)에 대한 엄격한 자격 요건을 부과해 시장의 안정성을 확보해야 한다. 초기에는 적격 기관과 전문 투자자로 대상을 한정하는 단계적 접근을 통해 시장 충격을 최소화하는 준비도 필요하다.

후발 주자가 해결할 다양한 숙제들

한국의 최종 목표는 단순히 자본 유입을 허용하는 것을 넘어 비트코인을 국가 경제의 건전한 자산 포트폴리오의 일부로 편입시키는 것이 돼야 한다. 이를 위해 국민연금 같은 장기 수탁 기관들이 비트코인을 신중하게 평가하고 전략적 자산 배분에 통합할 수 있는 공식 가이드라인을 마련해야 한다. 나아가 ETF를 넘어 구조화 채권, 파생 상품, 전문 자산 운용 서비스 등 다양한 국내 기관용 상품 개발을 장려해 경쟁력 있는 국내 산업 생태계를 육성해야 한다. 이는 새로운 금융 부가 가치를 창출하고 대한민국이 아시아의 디지털 금융 허브로 도약하는 밑거름이 될 것이다.

물론 이런 대전환에는 위험이 따른다. 비트코인 자체의 변동성, ETF 출시로 인한 자본 유출(KP를 노린 차익 거래), 그리고 전통 금융 시스템과의 연계에 따른 시스템 리스크는 필수적으로 관리할 대상이다. 또한 일반 투자자들에 대한 불완전 판매 가능성도 잠재적인 위험이다. 하지만 이런 위험은 회피의 대상이 아니라 정교한 정책 설계를 통해 충분히 통제할 수 있는 변수라 봐야 한다. 초기 투자자 자격 제한, 엄격한 유동성 및 수탁 요건 부과, 외환 시장 모니터링 강화, 투자자 보호를 위한 명확한 판매 규정 및 경고 의무화 등 다층적인 방어 체계를 구축한다면 우리는 금융 안정성을 훼손하지 않으며 혁신의 과실을 취할 수 있다.

비트코인의 글로벌 제도권 편입은 현실이다. 우리가 마주한 위험은 분명하지만 충분히 관리할 수 있다. 반면 자본 시장 혁신, 국민 노후 자금의 수익률 제고, 그리고 아시아 금융 허브로서의 위상 확보라는 기회는 실로 막대하다. 한국은 이제 인지된 위협을 세대적 기회로 전환해야 하는 역사적 과제 앞에 서 있다. 숙고의 시간은 끝났다. 이제는 국가의 미래를 위한 결단력 있는 행동이 필요한 때다.

트럼프 2.0시대,
비트코인에 생긴 나침반

　트럼프의 재집권으로 '트럼프노믹스 2.0' 시대가 막을 올렸다. 이번 복귀는 단순한 정권 교체를 넘어 미국 경제 패러다임의 근본적 전환을 예고하는 신호탄이라 할 수 있다. 그리고 그 중심에는 비트코인이 있다.

　트럼프는 "미국을 세계 암호 화폐의 수도로 만들겠다"는 선언을 구체적인 정책 로드맵으로 현실화하고 있다. 그는 비트코인을 투기적 자산에서 국가의 미래 경쟁력을 좌우할 '전략 자산'으로 재정의하고 이를 경제 정책의 핵심 축으로 삼았다. 과거 미국이 석유 비축으로 에너지 안보를 다졌듯 디지털 시대의 새로운 금, 비트코인을 통해 국가의 경제적 안정성과 미래 패권을 확보하려는 구상이다.

　아직 공식적인 전략적 비트코인 비축 계획이 발표되지는 않았으나 미국 정부는 이미 압류 및 몰수를 통해 세계 최대 수준의 비트코인 보유국에 등극했다. 이는 달러와 금 중심의 전통적 보유고 시스템에 근본적인 변화를 예고하는 행보라고 볼 수 있다. 비트코인의 내재적 희소성과 글로벌 수요가 맞물리며 미국의 비트코인 보유는 달러 패권을 보완하는 새로운 수단으로 기능할 가능성도 제기된다.

주류 경제에 발을 들인 암호 화폐

탈중앙성, 희소성, 강력한 보안성을 무기로 성장해 온 비트코인은 이미 꾸준히 제도권 금융에 편입돼 왔다. 이런 흐름은 트럼프 행정부의 파격적인 정책 지원에 힘입어 거대한 급류로 변모했으며 기존 달러 중심의 금융 질서에 근본적인 도전을 제기했다. 트럼프는 TRUMP 밈 코인을 통해 수억 달러의 수익을 올린 것으로 알려졌으며 이를 통해 막대한 정치 자금과 개인 자산을 동시에 확보했다.

이는 친(親) 비즈니스 기조를 암호 화폐 산업에도 그대로 적용하겠다는 움직임이기도 하다. 자체 암호 화폐 발행은 정책 결정자의 사익 추구와 이해 충돌이라는 윤리적 논란을 낳았지만 동시에 암호 화폐가 정치와 경제의 경계를 허물며 새로운 권력의 원천이 될 수 있음을 명확히 보여 주는 사례가 됐다.

비트코인의 경우 현물 ETF 승인 이후 블랙록, 피델리티와 같은 전통 금융 대기업들이 시장에 본격적으로 뛰어들며 기관 투자자의 자금이 대거 유입됐다. 이는 비트코인의 가격 안정성을 높이고 자산으로서의 신뢰도를 공고히 해 '완전한 주류 자산화'를 이끌고 있다. 이제 암호 화폐는 투자 수단을 넘어 특정 이념을 상징하고 지지층을 결집하는 정치적 도구로 진화하고 있다.

국가 차원에서 비트코인을 전략적으로 활용할 때

트럼프 행정부의 정책 기조는 규제 환경에도 즉각 반영됐다. 암호 화폐에 비판적이던 게리 겐슬러 SEC 위원장은 트럼프 대통령 당선 이후 강한 경질 압박을 받았고, 결국 2025년 1월 공식적으로 자리에서 물러났다. 암호 화폐 기업에 대한 소송 다수가 취하됐으며, 관련 기업들이 제도권 금융 시스템에 쉽게 접근할 수 있도록 장벽이 허물어졌다.

규제 불확실성 해소는 코인베이스, 크라켄 등 미국 기반 거래소에 폭발적인 성장 기회를 제공했고 암호 화폐 산업은 월가의 중심으로 빠르게 편입됐다. 최근 주목받는 스테이블코인(달러 등 실물 자산에 연동된 암호 화폐)의 부상 역시 이런 흐름의 연장선에 있다. 미국의 본격적인 행보는 각국 중앙은행의 디지털 자산 정책을 자극하며 글로벌 경쟁을 촉발하고 전 세계 금융의 지형을 뒤흔들고 있다.

비트코인의 국가 전략 자산화가 가져올 미래는 세 가지 차원에서 조망할 수 있다.

첫째, 통화 주권의 재정의다.

비트코인이 기축 통화의 새로운 대안으로 부상하며 각국의 통화 정책에 영향을 미칠 수 있다.

둘째, 금융 인프라의 혁신이다.

국경 간 송금, 결제, 신용 시스템이 블록체인 기술을 기반으로 재편될 수 있다.

셋째, 디지털 패권 경쟁의 격화다.

미국에 맞서 중국, EU 등 주요 경제 블록의 디지털 화폐 개발 및 패권 경쟁이 심화될 수 있다.

거대한 전환에는 여전히 위험이 따른다. 글로벌 규제 체계의 미비, 대규모 해킹과 같은 보안 위협, 불법 자금 세탁 및 테러 자금 조달 창구로의 악용 가능성이 여전히 존재한다. 특히 트럼프 같은 최고 정책 결정자의 사적 이해관계가 개입될 경우 정책의 신뢰성이 훼손돼 예측 불가능한 시스템 리스크로 번질 수 있다.

이 모든 논란 속에서도 분명한 사실은 비트코인이 더는 변방의 투기 자산이 아니라는 점이다. 트럼프노믹스 2.0이라는 거대한 파도 속에서 비트코인은 거시 경제, 통화 정책, 지정학적 패권 전략을 관통하는 핵심 변수로 부상했다. 21세기 금융사에 기록될 가장 담대한 실험이 막 시작됐다. 우리는 그 거대한 변화의 시작에 서 있다.

미국과 트럼프는
비트코인에 미래를 베팅했다

불과 몇 년 전 트럼프는 비트코인을 "달러에 대한 사기(Scam)"라 칭하며 노골적인 적대감을 드러냈다. 전통 금융 질서의 수호자를 자처하는 미국 대통령으로서 그의 발언은 자연스러웠다. 달러 패권을 통해 세계를 지배해 온 미국에게 탈중앙화된 암호 화폐는 통제 불가능한 위협이었고 트럼프의 비판은 그 위협을 공식적으로 인정하는 행위였다.

그러나 2024년 대선 승리 후 트럼프는 정반대의 길을 걸었다. 그는 암호 화폐를 "미국의 차세대 개척지(Next American Frontier)"로 규정하며 전폭적인 지지자로 돌아섰다. 선거 기간 내내 "미국을 세계 암호 화폐의 수도로 만들겠다"고 공언했던 그는 재선에 성공하자마자 상상을 초월하는 조치들로 자신의 약속을 현실화했다.

이는 단순한 정책 수정을 넘어 기존 글로벌 금융 질서에 대한 정면 도전이자 디지털 시대에 미국의 패권을 재정의하려는 거대한 실험의 서막이다. 트럼프의 도박은 암호 화폐 산업 전체의 운명을 뒤바꾸고 있다.

미국의 규제 해소에서 시작된 디지털 황금기

트럼프의 '전략적 비트코인 비축(Strategic Bitcoin Reserve)'은 정부가 범죄 및 민사 몰수 절차를 통해 확보한 비트코인을 공식적인 정부 자산으로 인정한 명령이었다. 해당 비트코인은 향후 25년간 매각이 동결되며 오직 대통령의 긴급 승인이 있을 때만 처분이 가능하다. 이는 금과 동일한 수준의 국가 전략 자산으로 비트코인의 지위를 격상시킨 역사적 사건이다. 이 결정은 두 가지 거대한 파급 효과를 낳았다.

첫째, 비트코인을 투기 자산이 아닌 공식적인 가치 저장 수단으로 인정함으로써 디지털 자산의 제도권 편입을 완성했다.

둘째, 민간 영역에 흩어져 있던 비트코인을 국가가 대량으로 흡수하며 다가올 디지털 패권 전쟁에서 미국이 압도적 우위를 점할 수 있는 발판을 마련했다.

트럼프 행정부는 출범 초기 암호 화폐 산업의 가장 큰 족쇄로 여겨졌던 규제 불확실성을 해소하는 데 집중했다. 대표적인 암호 화폐 옹호론자인 폴 앳킨스를 SEC 위원장으로 임명한 것이 시작이었다. 그의 지휘 아래 SEC는 기존의 적대적 기조를 180도 바꿔 산업 친화적인 방향으로 선회했다.

가장 상징적인 조치는 코인베이스, 크라켄 등 주요 거래소를 상대로 진행되던 소송을 전격 취하한 것이다. 앳킨스 위원장 취임 이후 SEC는 코인베이스, 크라켄 등 주요 암호 화폐 거래소에 대한 소송을 취하하거나 중단했으며, 이는 암호 화폐 산업에 우호적인 규제 환경 조성을 위한 조치로 해석된다.

수년간의 법적 리스크에서 벗어난 기업들은 공격적인 사업 확장에 나섰고 이는 미국 암호 화폐 시장의 폭발적인 성장, '제2의 황금기'를 촉발했다. 이는 단순한 산업 육성을 넘어 전 세계의 암호 화폐 자본과 인재를 미국으로 끌어들이려는 치밀한 전략의 일환이라고 할 수 있다.

달러, 금, 비트코인
새로운 그레이트 게임이 시작됐다

미국의 비트코인 국가 자산화는 달러 중심의 세계 경제 질서에 균열을 일으키는 촉매제가 됐다. 달러 의존도를 줄이려는 중국, 러시아, 그리고 자국 통화 가치가 불안정한 신흥국들은 금과 함께 비트코인을 새로운 대안 준비 자산으로 주목했다.

이런 변화 속 특정 국가의 통제를 벗어난 비트코인의 탈중앙적 특성은 디지털 금의 지위를 더욱 공고히 하게 만든다. 미국의 선제적 움직임은 다른 국가들의 비트코인 채택 행보를 부추겼고 이제 세계는 달러, 금, 비트코인을 중심으로 한 다극화된 준비 자산 체제로 재편되고 있다. 이는 디지털 자산을 둘러싼 새로운 '그레이트 게임(지정학적 패권 다툼)'의 시작을 의미한다.

2025년 라스베이거스 비트코인 콘퍼런스는 암호 화폐가 어떻게 정치적 신념의 시험대가 됐는지를 상징적으로 보여 주는 자리였다. J. D. 밴스 부통령이 기조연설자로 나선 이 행사에서 공화당 주요 인사들과 암호 화폐 기업 CEO들은 한목소리로 '금융의 자유'를 외쳤다.

암호 화폐 지지 여부는 이제 공화당의 핵심 정체성이자 지지층을 탄탄하게 결집하는 강력한 무기가 됐다. 비판론자들은 트럼프가 산업의 미래보다 당장의 표심을 위해 암호 화폐를 이용하고 있으며 산업이 정치적 논리에 종속될 위험이 크다고 경고한다.

반면 지지자들은 이런 과감한 결단이야말로 미국의 기술적 리더십을 지키고 미래 경제를 선도할 유일한 길이라고 반박한다. 이처럼 암호 화폐는 기술과 금융을 넘어 미국의 국가 정체성과 정치적 이념의 최전선에 서게 됐다.

트럼프의 급진적 태세 전환은 암호 화폐를 투기적 자산의 영역에서 끌어내 국가 전략과 국제 정치의 중심으로 격상시켰다. 비트코인의 국가 자산화, 전면적인 규제 완화, 정치와 산업의 노골적인 결합은 미국은 물론 전 세계에 거대한 파장을 일으킬 거대한 실험이다.

트럼프의 베팅이 미국을 다시 한 번 위대하게 만들지, 아니면 통제 불가능한 혼돈을 초래할지는 아무도 예측할 수 없다. 분명한 사실은 암호 화폐가 금융 상품을 넘어 국제 질서를 재편하는 핵심 동력으로 부상하는 시대가 시작됐다는 것이다. 전 세계가 숨죽이며 이 거대한 실험의 결과를 지켜보고 있다.

미국의 암호 화폐 정책 대전환이 글로벌 금융 지형에 지핀 불씨

지난 몇 년간 암호 화폐 시장은 극심한 변동성을 겪었다. 특히 2022년 말 발생한 FTX 거래소 파산 사태는 시장 전체의 신뢰를 무너뜨린 결정적 사건이었다. 이 사태는 규제 공백이 초래하는 위험을 극명하게 드러냈고 미국 내에서도 암호 화폐 산업에 대한 부정적 여론이 팽배하며 규제 당국의 강경한 압박이 이어졌다. 이른바 크립토 윈터가 도래한 것이다.

미국은 암호 화폐를 위해 법을 바꾸고 있다

그러나 이런 규제 강화 기조 속에서도 암호 화폐를 국가 경쟁력과 직결된 기술 및 전략 자산으로 인식하는 목소리가 꾸준히 제기됐다. 아시아와 남미 등지에서 정부 차원의 수용 움직임이 확산되자 미국 내에서도 과도한 규제가 산업의 주도권을 상실하게 할 수 있다는 위기감이 고조됐다. 금융 혁신을 넘어 암호 화폐 기술이 갖는 잠재력을 제도권 안으로 편입시켜야 한다는 공감대가 형성되기 시작한 것이다.

정책 전환의 핵심은 명확한 법적 근거를 마련하는 입법 활동에서 드러난다. 2024년 5월 하원을 통과한 '21세기를 위한 금융 혁신 및 기술 법안(FIT21)'이 대표적인 사례다. 이 법안은 디지털 자산의 법적 성격을 명확히 하고 SEC와 CFTC(상품 선물 거래 위원회)간의 규제 권한을 재조정하는 것을 골자로 한다.

과거 SEC가 대부분의 디지털 자산을 '증권'으로 간주하며 강경한 규제를 펼쳤던 것과 달리 FIT21은 상당수 디지털 자산을 CFTC의 관할 아래 '상품'으로 분류할 수 있는 길을 열었다. 이는 기업들에게 예측 가능한 규제 환경을 제공함으로써 미국 내 디지털 자산 산업 활성화의 결정적 토대를 마련했다는 평가를 받는다.

또한 스테이블코인의 법적 지위와 발행 요건을 규정하는 '지니어스 액트' 역시 주요 의제로 논의되고 있다. 이 법안은 달러 기반 스테이블코인의 안정성과 신뢰도를 국가 차원에서 보증하며 민간의 기술 혁신을 저해하지 않는 균형점을 목표로 한다. 이는 달러화의 글로벌 기축 통화 지위를 디지털 영역으로 확장하려는, 이른바 '디지털 달러 패권' 전략의 핵심 수단으로 간주된다.

입법부의 변화에 발맞춰 행정부 역시 적극적인 규제 완화에 나서고 있다. 트럼프 행정부 출범 이후 SEC는 과거의 무차별적인 조사와 소송을 상당 부분 중단하고 산업 친화적인 기조로 선회했다. 이런 변화는 바이낸스, 코인베이스, 리플, 써클 등 주요 기업들이 미국 내 투자를 확대하고 사업 불확실성을 해소하는 데 긍정적인 영향을 미치고 있다.

게다가 IRS(미 국세청)는 디지털 자산 거래에 대한 새로운 세금 보고 의무 시행을 2026년까지 유예하며 업계가 변화에 적응할 시간을 부여했다. 이는 기업과 개인 투자자들의 시장 참여 부담을 줄여 시장 활성화를 유도하는 신호로 해석된다. 이 모든 조치는 미국이 자국을 세계 최고의 암호 화폐 허브로 만들려는 치밀한 전략의 일환이라고 볼 수 있다.

미국 정책 변화의 가장 파격적인 대목은 신시아 루미스 상원 의원이 발의한 '비트코인 액트'라고 할 수 있다. 이 법안은 향후 5년간 미국 정부가 최대 100만 개의 비트코인을 매입해 전략적 비축 자산으로 편입하는 것을 목표로 한다.

이는 전례 없는 조치로써 금, 원유와 같이 비트코인을 국가의 핵심 보유 자산으로 관리하겠다는 선언이며 미국이 비트코인을 금융 및 외교 정책 수단으로 활용할 가능성을 시사한다.

세상이 암호 화폐로 시끄러울수록
비트코인의 기반은 탄탄하게 다져진다

비트코인의 가격 변동성이 국가 재정의 안정성을 해칠 수 있다는 비판이 제기되기도 한다. 일부 경제학자들은 비트코인이 안정적인 가치 저장 수단이나 물가 안정 장치로서 부적합하다고 주장한다. 반면 비트코인을 믿는 사람들은 비트코인이 인플레이션 헤지 수단이자 국가 재정을 다각화하는 효과적인 도구가 될 수 있다고 맞서고 있다. 하지만 이런 논쟁 속에서도, 비트코인을 보유하는 주체가 늘어날수록 비트코인의 안정성은 높아진다.

미국의 정책 선회는 각국의 디지털 자산 정책 경쟁을 촉발하는 기폭제가 됐다. 스위스, 싱가포르 등 전통적인 금융 허브들 또한 미국의 변화에 맞춰 규제 프레임워크를 재정비하며 경쟁에 뛰어들고 있다. 일본의 상장사 메타플래닛은 비트코인을 핵심 재무 자산으로 편입하며 일본판 스트래티지 전략을 구사하고 있고 일본 정부 역시 관련 제도 정비에 속도를 내고 있다. 메타플래닛은 꾸준히 비트코인을 매입하고 있으며 2025년 7월, 상장사 중 비트코인 보유량 5위에 등극하기도 했다.

미국의 암호 화폐 정책은 기존 달러 중심의 국제 금융 질서에 근본적인 질문을 던진다. 비트코인과 같은 탈중앙화 자산을 국가가 비축하는 것은 달러 패권을 보완하는 동시에 특정 상황에서 대체할 수 있는 새로운 안전장치를 마련하는 이중적 성격을 띤다.

미국은 자국 기업들이 발행하는 달러 연동 스테이블코인의 글로벌 확산을 통해 달러의 영향력을 디지털 세계로 확장하려 한다. 즉 '탈중앙화 자산(비트코인)의 전략적 수용'과 '중앙화된 디지털 달러(스테이블코인)의 패권 강화'라는 투 트랙 전략을 구사하는 것이다. 결국 미국은 암호 화폐 산업을 통제 가능한 제도권으로 끌어들여 차세대 금융 패권 경쟁의 주도권을 확보하려 하고 있다.

미국의 암호 화폐 정책 대전환은 단순한 산업 규제의 변화를 넘어 21세기 디지털 경제 시대에 대응하기 위한 국가 전략의 대대적인 재편이다. 트럼프 행정부의 강력한 의지 아래 추진되는 이 정책이 지속 가능할지에 대한 불확실성은 여전히 존재한다. 향후 정권 교체나 예상치 못한 경제 위기가 닥칠 경우 정책 기조는 언제든 다시 흔들릴 수 있다.

하지만 비트코인이 미국의 공식적인 정책 의제로 편입되고 국가 전략 자산으로 논의됐다는 사실 자체만으로도 암호 화폐의 제도권 편입은 거스를 수 없는 흐름이 됐다. 이는 글로벌 암호 화폐 산업 생태계 전반에 막대한 영향을 미치며 각국 정부의 정책 결정에 핵심 변수로 작용할 것이다.

현물 ETF 승인으로
본격적인 상승 궤도에 오르다

    2024년 1월 10일 SEC는 11개의 비트코인 현물 ETF(상장 지수 펀드)를 동시 승인하며 암호 화폐 역사에 새로운 장을 열었다. 이는 오랫동안 제도권 금융의 변방에 머물렀던 비트코인이 세계 최대 자본 시장의 중심부로 진입했음을 공인하는 상징적인 사건이다.

본격적으로 주류 경제에 편입되는 비트코인의 위상

    규제의 불확실성, 극심한 변동성, 그리고 복잡한 보관 문제로 인해 참여를 주저했던 기관 투자자들에게 비로소 합법적이고 검증된 투자 경로가 열린 것이다. 블랙록, 피델리티와 같은 세계 최상위 자산 운용사들이 시장의 주요 플레이어로 참여하며 비트코인은 더는 개인 투자자나 기술 애호가들만의 전유물이 아님을 증명했다.

ETF 승인은 전통 금융 시스템과 디지털 자산 시장 간의 경계를 허무는 촉매제로, 글로벌 자산 배분 전략과 시장의 판도를 근본적으로 바꿀 잠재력을 지니고 있다. ETF 승인의 가장 즉각적이고 가시적인 효과는 제도권 자금의 대규모 유입이다. 블랙록의 아이셰어즈 비트코인 트러스트(IBIT)와 피델리티의 와이즈 오리진 비트코인 펀드(FBTC)를 필두로 한 현물 ETF들은 출시 수개월 만에 수백억 달러에 달하는 기록적인 자금을 끌어모았다. 2025년 현재에는 세계 최고 인기를 끄는 투자 상품에 등극했다.

과거 기관 투자자들은 비트코인에 직접 투자하기 위해 자체적인 커스터디(수탁) 솔루션을 구축하거나 규제 준수 및 회계 처리의 복잡성을 감수해야 했다. 그러나 ETF는 이런 구조적 장벽을 완벽하게 해소했다. 기관들은 기존에 사용하던 증권 계좌를 통해 주식을 매매하듯 손쉽게 비트코인에 노출될 수 있게 됐으며 SEC의 감독을 받는다는 점에서 법적 안정성까지 확보했다.

이런 변화는 연기금, 국부 펀드, 자산 운용사 등 보수적 성향의 거대 자본이 포트폴리오의 일부를 비트코인에 할당하게 부추겼다. 이들 기관의 13F 공시(1억 달러 이상을 운용하는 기관 투자자가 분기별로 제출하는 보유 주식 현황 보고서)를 통해 대규모 비트코인 ETF 보유 사실이 속속 확인되며 시장 참여자 구성이 질적으로 변화하고 있음이 증명됐다. 이는 단기적 시세 차익을 노리는 자금보다 장기적 관점의 전략적 투자가 늘어나는 효과를 낳아 비트코인의 자산 성숙도를 높이고 변동성을 점진적으로 완화하는 데 기여한다.

비트코인 현물 ETF 승인은 규제의 종착역이 아니라 디지털 자산 전반에 대한 규제 프레임워크가 진화하는 출발점이다. 2024년 5월, SEC는 비트코인에 이어 이더리움 현물 ETF의 상장을 승인하며 규제 수용의 범위를 확장했다. 이는 특정 자산에 대한 일회성 허가가 아닌 일정 수준의 탈중앙성과 시장 규모를 갖춘 디지털 자산이 제도권 금융 상품으로 편입될 수 있다는 선례를 남겼다.

더불어 미국 정치권의 기류 변화도 주목할 만하다. 과거 암호 화폐는 초당적 합의가 어려운 쟁점이었으나 ETF의 성공적인 시장 안착과 산업의 중요성이 부각되며 건설적인 규제 마련을 위한 논의가 활발해졌다. FIT21이 하원에서 양당 모두의 지지를 받으며 통과되는 등 정치권은 명확한 규제 체계를 수립하려는 의지를 보인다.

이런 규제 환경의 예측 가능성 증대는 기관 투자자들에게 가장 중요한 요소 중 하나다. 명확한 가이드라인은 장기적인 투자 전략 수립을 가능하게 하고 법적 리스크를 감소시킨다. 규제 당국과 입법부의 전향적 태도는 향후 스테이블코인, 디지털 자산 수탁, 토큰 증권 등 더욱 폭넓은 분야에서 혁신을 촉진하고 미국이 글로벌 디지털 자산 허브로서의 입지를 공고히 하는 기반이 될 것이다.

12만 달러를 넘은 비트코인 이제는 상승뿐이다

ETF를 통한 제도권 자금의 유입은 비트코인의 가격에도 극적인 영향을 미쳤다. 2024년 3월 비트코인은 ETF 출시를 동력으로 사상 최고가인 7만 3,000달러를 돌파했다. 기관의 진입과 함께 가격의 흐름 역시 과거와는 다른 양상을 보였다.

또한 현재는 12만 달러를 지지선 삼아 다시금 역대 최고점을 목표하고 있다. 이렇게 유입된 기관 자본은 시장 유동성을 확장하고 변동성을 완화하며 비트코인의 신뢰도를 한층 끌어올렸다. 이는 비트코인이 거시 경제 환경 속에서 의미 있는 역할을 수행하는 자산군으로 인정받고 있음을 시사한다.

이런 변화에 힘입어 디지털 금으로서의 가치 저장 수단 내러티브가 본격적으로 힘을 얻고 있다. 지속적인 인플레이션 압력과 지정학적 불안정성이 고조되는 환경에서 정부나 중앙은행의 통제로부터 자유로운 탈중앙성과 총 2,100만 개로 정해진 공급량의 희소성은 비트코인을 매력적인 가치 저장 수단으로 부각했다. 전통적인 안전 자산인 금과 유사한 역할을 디지털 시대에 맞게 수행할 수 있다는 기대감이 기관 투자자들의 자금 유입을 견인한 핵심 동력이다.

또한 비트코인은 기존 자산과의 낮은 상관관계를 바탕으로 훌륭한 포트폴리오 다변화 수단으로 재평가받고 있다. 주식이나 채권과 다른 가격 움직임을 보이는 비트코인을 포트폴리오에 일부 편입할 경우 전체 포트폴리오의 위험 대비 수익률을 개선하는 효과를 기대할 수 있다. 엘살바도르와 같은 국가 단위의 채택 사례를 넘어 이제는 글로벌 자산 운용사들이 고객 포트폴리오에 비트코인을 공식적으로 추천하는 시대가 도래한 것이다.

이제 비트코인은 인플레이션 헤지, 가치 저장, 포트폴리오 다변화를 위한 핵심 전략 자산으로 자리매김하고 있다. 이는 금, 주식, 채권 위주였던 전통적인 자산 배분 전략에 근본적인 변화를 요구한다. 미래 주요 은행들의 디지털 자산 커스터디 서비스 확대, 옵션 및 선물 등 파생 상품 시장의 활성화, 연기금의 투자 비중 증가 등을 통해 비트코인을 둘러싼 금융 생태계는 더욱 정교하고 깊이 있게 발전할 것이다.

투자자들은 더는 비트코인을 높은 변동성에 기댄 단기 투자 대상으로만 볼 것이 아니라 변화하는 금융 환경의 중심에서 장기적 가치를 창출하는 핵심 자산으로 인식하고 접근해야 할 시점이다. 비트코인과 제도권 금융의 동행은 이제 막 시작됐다.

부채 공화국 미국은 어떻게 비트코인을 선택했는가

2025년 현재, 미국의 국가 부채는 36조 달러를 넘어섰으며 GDP 대비 부채 비율은 약 124%에 달하게 됐다. 미국은 지금 심각한 재정 위기에 직면해 있다. 부채 급증의 주요 원인으로는 과거 단행된 대규모 감세와 국방 및 복지 예산의 지속적인 팽창이 지목된다. 특히 고령화로 인한 연금 및 의료비 부담이 재정을 압박하고 있으며 글로벌 패권 경쟁에서 국방 예산도 꾸준히 증가하고 있다. 반면 세수 확보는 기대에 미치지 못해 부채 증가세는 가속화되고 있다.

재정 불균형은 재정 적자를 메우기 위한 통화 발행 확대로 이어지며 인플레이션 압력을 가중한다. CPI(미국 소비자물가지수)는 연준의 목표치를 지속적으로 상회하며 이는 실질 금리 하락을 초래한다. 신용 평가사 무디스는 2025년 5월 미국의 신용 등급을 Aaa(최고 등급)에서 Aa1(상위 등급)으로 한 단계 하향 조정했으며 이는 국가 채무 상환 능력에 대한 시장의 불신을 반영한다. 이에 따라 촉발된 국채 금리 상승은 정부의 이자 부담을 증가시켜 부채의 악순환을 심화시키고 있다.

달러의 악순환은 비트코인의 선순환을 부른다

이런 거시 경제 환경 속에서 비트코인은 강력한 대안이 된다. 총 발행량이 고정된 비트코인은 중앙은행의 정책에 따라 무제한 발행 가능한 법정 화폐와 근본적인 차이를 보인다. 비트코인의 핵심 가치는 프로토콜에 의해 설계된 희소성이다. 알고리즘에 의해 채굴 난이도가 주기적으로 조정되고 반감기를 거치며 공급 증가율이 점차 감소하는 구조는 시간이 지날수록 희소성을 더욱 높여 가치 저장 수단으로서의 신뢰를 강화한다.

실제 연구에서도 비트코인이 예기치 않은 인플레이션 충격에 대해 긍정적인 수익률을 보이는 경향이 관찰된다. 이는 물가 급등으로 법정 화폐의 구매력이 하락하는 시기에 비트코인이 가치를 보존하거나 상승시키는 인플레이션 헤지 수단으로 기능할 수 있는 잠재력을 시사한다. 특히 어떠한 중앙 정부나 금융 기관의 통제도 받지 않는 탈중앙성이라는 본질적 특성은 지정학적 불확실성이 팽배한 글로벌 금융 환경에서 그 매력을 더하고 있다.

그래서 미국은 비트코인을 선택했다. 래리 핑크 블랙록 CEO는 비트코인을 디지털 금에 비유하며 포트폴리오의 일부를 할당할 것을 권고했고 전설적인 헤지펀드 매니저인 폴 튜더 존스 또한 미국이 처한 부채 위기의 헤지 수단으로 비트코인을 지목했다. 거물급 투자자들의 발언은 법정 화폐 시스템의 내재적 위험을 인식한 기관들이 포트폴리오 다각화 차원에서 비트코인을 편입하는 흐름을 가속화했다.

SEC의 현물 비트코인 ETF 승인 역시 이런 추세에서 들여다볼 수 있다. 미국은 자국민들이 비트코인을 비축하기를 바라는 것이다. ETF를 활용해 확보된 비트코인은 정부가 직접 보유하지 않더라도 결국 자연스럽게 미국의 자산이 된다. 기관 자금의 유입은 시장의 유동성과 안정성을 높여 다시 더 많은 기관의 참여를 유도하는 선순환 구조를 만들고 있다. 즉 미국의 결정을 통해 미국에 쌓이는 부가 확대되는 것이다.

시스템을 뒤엎을 결단이 필요한 시점이다

미국의 비트코인 보유 확대는 기존의 달러 패권을 보완하고 다가오는 디지털 자산 시대의 금융 패권을 선점하려는 전략적 포석으로 해석된다. 이런 정책 변화는 다른 국가들의 중앙은행과 정부에도 상당한 영향을 미치며 디지털 자산 준비금 편입에 대한 논의를 촉발했다. 비트코인은 투기 자산을 넘어 블록체인 기반의 결제 시스템, 탈중앙화 금융 등 실질적인 금융 인프라로 그 역할이 확장되고 있다. 일부 국가에서는 이미 비트코인을 국제 무역 결제에 활용하려는 시도가 나타나는 등 다극화되는 글로벌 통화 질서에서 중요한 한 축을 담당할 가능성을 보여 주고 있다.

심화하는 미국의 재정 위기와 그로 인한 인플레이션 압력은 기존 법정 화폐 시스템의 대안이자 새로운 가치 저장 수단으로서 비트코인의 입지를 강화할 수밖에 없다. 기관 투자자의 본격적인 참여와 미국 정부의 전략적 보유는 이런 흐름에 결정적인 신뢰를 더하며 비트코인의 위상을 격상시켰다. 불안해져 가는 미국 경제 속 새로운 금을 미국이 찾아낸 것이다.

세상은 조용히 통화 질서를 갈아엎고 있다. 그리고 미국조차 그 흐름을 주도하고 있다. 당신은 언제까지 흔들리는 배에 타고 있을 것인가? 정부의 부채는 눈덩이처럼 불어나고 화폐는 매년 가치를 잃고 있다. 비트코인은 그 반대편 수면 아래에서 천천히 그러나 확실하게 기반을 넓히고 있다. 오늘은 돈의 역할이 바뀌는 전환기다. 지금 필요한 것은 남들보다 먼저 구조를 읽는 눈이다. 단순한 투자가 아니라 시스템을 갈아탈 결단이 필요한 시점이다.

세계의 금고는 달러를 줄이고 비트코인을 늘리고 있다

달러는 여전히 기축 통화로서의 지위를 유지하고 있다. 글로벌 무역, 투자, 각국의 외환 보유고는 여전히 달러를 중심으로 운용된다. 그러나 견고해 보이는 패권의 기저에는 분명한 균열이 감지된다.

미국은 재정 불안에 흔들리면 시장은 새로운 안전 자산을 찾는다

IMF의 데이터에 따르면 1999년 71%에 달했던 전 세계 외환 보유고 내 달러 비중은 2024년 말 58% 미만으로 줄어들며 점진적인 하락세를 보였다. 이는 세계 금융 시스템의 근본적인 구조 변동을 알리는 신호다.

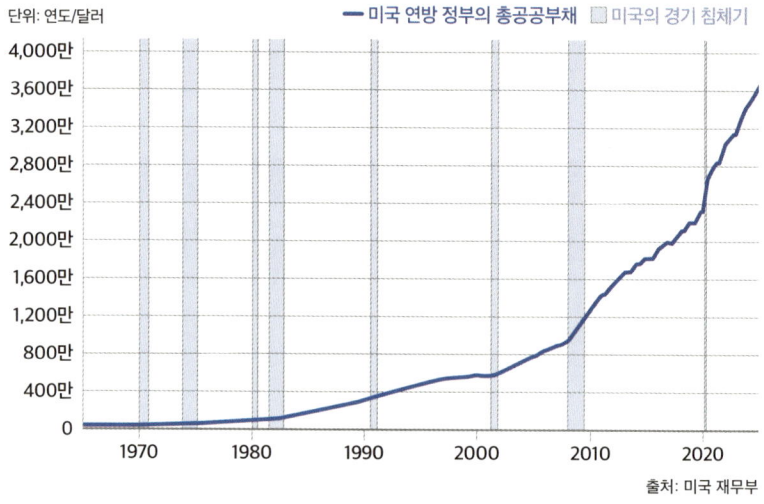

연방준비제도 경제 데이터

    전환의 배경에는 미국의 만성적인 재정 불안, 기하급수적으로 증가하는 국가 부채, 지정학적 갈등 심화에 따른 신흥국들의 탈달러화 가속, 그리고 새로운 가치 저장 수단으로 부상하는 비트코인의 등장이 복합적으로 얽혀 있다.

    달러의 신뢰를 흔드는 가장 근본적인 요인은 발행국인 미국 내부의 재정 취약성이다. 앞서 언급한 바와 같이 미국의 국가 부채는 사상 최고치를 경신했다. GDP 대비 부채 비율 역시 임계점을 향해 치닫고 있으나 정치권은 뚜렷한 해결책을 제시하지 못하고 있다.

    코로나19 팬데믹 대응 과정에서 단행된 천문학적 규모의 재정 부양책은 부채 증가 속도를 극적으로 가속화했다. 반복되는 연방 정부 부채 한도 협상 갈등과 그로 인한 디폴트 위기 우려는 미국 국채의 안전성에 대한 시장의 신뢰를 잠식하고 있다. 글로벌 신용 평가사들은 미국의 국가 신용 등급 하향 가능성을 지속적으로 경고한다. 블랙록의 CEO 래리 핑크와 같은 금융계 거물들은 "이런 재정 위기가 자산의 '질적 도피(flight to quality)'를 촉발할 것이며 그 과정에서 투자자들이 정부 부채로부터 자유로운 비트코인과 같은 자산으로 눈을 돌릴 것"이라고 공공연히 경고했다. 이는 달러의 가치 저장 기능에 대한 근본적인 의문이 확산되고 있음을 시사한다.

달러 패권을 위협하는 또 다른 축은 지정학적 질서의 재편이다. 미국과 중국·러시아를 중심으로 한 신흥 경제권 간의 갈등이 격화되며 달러를 국제 무역과 금융 시스템의 무기로 사용하는 미국의 정책에 대한 반발이 거세지고 있다. 이는 의도적으로 달러 의존도를 낮추려는 탈달러화 움직임으로 구체화되고 있다.

달러의 손아귀에서 벗어나기 위한 서로 다른 해법들

브라질, 러시아, 인도, 중국, 남아프리카공화국을 주축으로 한 BRICS는 회원국 간 무역에서 자국 통화 결제 비중을 늘리고 있으며 달러 중심의 SWIFT(국제은행간통신협회)망을 우회하는 독자적인 결제 시스템(BRICS Pay 등) 구축을 추진하고 있다.

세계 에너지 시장의 지형 변화도 주목할 만하다. 사우디아라비아를 비롯한 주요 산유국들이 원유 결제 대금으로 중국 위안화를 포함한 다른 통화를 고려했다. 이는 수십 년간 달러 패권의 한 축을 담당해 온 '페트로 달러(석유 수출국들이 석유 판매 대금으로 받는 미국 달러)' 시스템에 가해지는 심각한 구조적 도전이다.

게다가 미국이 러시아, 이란 등에 가한 강력한 금융 제재는 역설적으로 탈달러화를 가속하는 촉매제가 됐다. 제재 대상국은 물론 잠재적 제재 가능성을 우려하는 국가들까지 달러 결제망에서 벗어난 대안을 찾는 데 사활을 걸고 있다.

다극화된 세계 질서는 자연스럽게 비정치적이고 탈중앙화된 가치 교환 수단을 요구하게 됐고 비트코인은 이런 시대적 요구에 부응하는 가장 강력한 대안으로 주목받고 있다. 비트코인이 달러의 대안으로 거론되는 이유는 제도권 편입을 넘어 그 본질적인 특성에 기인한다.

첫째, 수학적 희소성이다.

총 발행량이 2,100만 개로 고정돼 있어 중앙은행이 무한정 화폐를 발행할 수 있는 명목 화폐와 달리 인플레이션으로부터 자유로운 디플레이션 자산이다.

둘째, 탈중앙성이다.

특정 국가나 기관이 통제하지 않는 분산된 네트워크에 의해 운영된다. 이는 발행 주체의 정치적·경제적 리스크에서 자유로운 중립적 자산으로서의 가치를 부여한다.

셋째, 검열 저항성이다.

국경과 무관하게 자유로운 전송이 가능하며 정부나 은행의 허가 없이 P2P(개인 간) 거래가 가능하다. 이는 금융망이 무기화되는 시대에 자산을 보호하고 경제적 주권을 지키는 강력한 수단이 될 수 있다.

이런 특성들은 비트코인을 불안정한 거시 경제 환경과 지정학적 리스크에 대한 궁극적인 헤지 수단으로 기능하게 한다.

달러 패권의 균열은 더는 먼 미래의 시나리오가 아닌 현재 진행형인 현실이다. 미국의 구조적인 재정 문제, 지정학적 갈등이 촉발한 탈달러화 흐름은 비트코인을 거스를 수 없는 시대적 변화로 만들고 있다.

비트코인이 가까운 미래에 달러를 대체하는 기축 통화가 될 것이라 단언하기는 이르다. 그러나 달러 중심의 단일 패권 체제가 다극화된 가치 저장 수단들의 시대로 서서히 이동하고 있음은 분명하다.

중국과 유럽은
이미 전쟁을 시작하고 있다

디지털 자산화를 통한 통화 혁명이 세계를 휩쓸고 있다. EU의 '디지털 유로', 중국의 '디지털 위안화(e-CNY)'를 필두로 각국 중앙은행은 CBDC(중앙은행 디지털 통화) 개발을 통해 통화 주권의 디지털 전환을 서두르는 상황이다.

달러에 지지 않기 위한
전 세계의 피나는 노력

세상은 이미 미국 중심의 화폐 시스템이 언젠가 무기로 활용될 수 있음을 예감했고, 우리는 달러가 무기로 쓰이는 현실을 현재 진행형으로 살고 있다. 블록체인 기술은 기존의 화폐 시스템을 빠르고 효율적으로 만들 수 있는 기반을 제시했다.

　중국은 단순히 내수 시장에 만족하지 않는다. 중국은 국제 결제에서 달러 의존도를 낮추고자 독자적인 국제 결제 시스템 구축을 통해 탈달러화를 가속화하고 있다. 이를 위해 BRI(중앙아시아와 서부 지역을 잇는 무역, 교통로의 확장을 위한 중국의 전략)를 통해 참여국을 비롯한 러시아, 중동, 동남아 국가들과 위안화 기반의 무역 결제를 확대하며 위안화 경제권 형성에 속도를 내고 있다. 또한 SWIFT망을 우회하는 CIPS(국제 은행간 결제 시스템)를 통해 미국 주도의 금융 제재로부터 자율성을 확보하려는 전략도 추진 중이다. 또한 중국은 기술 인프라 구축에도 총력을 기울이고 있다. 중국은 홍콩 금융 관리국, 태국 중앙은행 등과 함께 추진하는 'mBridge'와 같은 다자간 CBDC 프로젝트에 적극 참여해 국제 결제망의 기술 표준 선점에 나섰다. 동시에 모든 거래를 추적 가능한 '통제 가능한 익명성' 개념을 도입해 금융 안정과 사회 통제 역량을 강화하고 있다. 이처럼 중국은 편의성과 통제를 동시에 활용해 e-CNY의 국내외 영향력을 키우려 한다.

　유럽 역시 디지털 시대의 통화 주권 확보를 위해 디지털 유로 개발에 박차를 가하고 있다. 유럽 중앙은행은 2023년부터 본격적인 준비 단계를 진행 중이며 이는 미국 빅 테크 기업 주도의 결제 시장과 민간 스테이블코인 확산에 대응한 전략적 자율성 확보의 일환이다.

　애플, 구글 등 비유럽계 기업에 대한 결제 시스템 의존도를 낮추고, 역내 금융 시스템의 안정성과 독립성을 유지하는 것이 유럽의 핵심 목표다. ECB(유럽 중앙은행)는 디지털 유로를 통해 유럽 금융 시장의 경쟁력을 강화하고 금융 포용성을 높이는 다각적 목표를 추구하고 있다. 특히 중국 통제 가능한 e-CNY과 달리 유럽은 GDPR(일반 개인 정보 보호 규정)에 기반한 강력한 프라이버시 보호를 설계의 핵심 원칙으로 삼아 시민들의 신뢰를 확보하고자 한다. 이는 미래 사회 핵심 자산인 데이터 선점 싸움에서 미국에 주도권을 뺏기지 않으려는 EU의 노력 중 하나이기도 하다.

한편 미국은 2025년 1월 23일, 트럼프가 행정 명령 14178호 '디지털 금융 기술 분야에서 미국의 리더십 강화'에 서명하며 디지털 통화 정책의 방향성을 전 세계에 알렸다. 미국은 자국 내에서 CBDC의 발행, 유통, 사용을 명시적으로 금지하며 개인의 금융 자유와 프라이버시를 보호하고 민간의 혁신을 장려하는 방향으로 정책의 전환을 선언했다. 국가가 아닌 개인의 금융 주권을 보호하고 민간의 창의적 혁신을 장려하는 방향으로 정책의 키를 돌린 것이다. 이런 미국의 파격적인 행보는 글로벌 금융 지형에 즉각적인 영향을 미쳤다. 미국의 CBDC 공백을 확인한 EU와 중국은 미국의 부재를 자국 통화의 디지털 영향력을 확대할 절호의 기회로 삼고 있다.

미국의 새로운 금융 리더십이 다른 국가들의 행보를 좌우한다

미국은 정부 주도의 통제 대신 민간의 자율성과 비트코인이라는 탈중앙화 자산을 통해 새로운 차원의 금융 리더십을 구축하려는 '다른 길'을 제시하고 있다. 미국 정부의 대규모 비트코인 보유는 다른 국가들의 외환 보유고 전략에도 직접적인 영향을 미쳤다.

일부 국가들이 비트코인을 외환 보유고의 일부로 편입하는 것을 검토하기 시작했으며 이는 기존 달러 중심 체제에 디지털 금이라는 새로운 변수를 추가하며 국제 금융 시스템의 근본적인 변화를 예고한다.

IMF, BIS(국제 결제 은행) 등 국제 기구들은 CBDC의 국가 간 호환성을 위한 공통 표준과 규범을 마련하고자 노력하고 있다. 그러나 주요국들의 패권 경쟁 속에 단일 규범 마련이 쉽지 않은 실정이다. 오히려 이는 달러 단극 체제가 약화되고 다양한 지역 기반 디지털 통화 블록이 공존하고 경쟁하는 금융 다극화 시대의 도래를 부추기게 됐다.

이들의 디지털 통화 전략은 국가와 화폐의 미래에 대한 근본적인 질문을 던진다. 디지털 통화 시대는 기술을 넘어 철학과 가치의 대결장이 되고 있다. 미국의 대담한 실험이 디지털 금융 시대의 새로운 표준을 제시할지 중국과 유럽의 정부 주도 추진이 새로운 미래를 제시할지는 역사가 증명할 것이다.

월가에 모습을 보이기 시작하는 비트코인

과거 투기적 자산으로 치부되던 비트코인은 이제 월가의 핵심 자산으로 인정받고 있다. 세계 최대 자산 운용사들을 필두로 한 주요 금융 기관과 글로벌 기업들은 비트코인을 공식적으로 포트폴리오에 반영하며 새로운 금융 패러다임의 전환을 주도하고 있다.

차세대 테크 기업부터 전통적 투자 기업까지

비트코인 채택의 선두자로 손꼽히는 블랙록은 비트코인 현물 ETF를 성공적으로 출시하며 시장의 판도를 바꿨다. 세계 최대 자산 운용사의 참전은 시장 전반에 강력한 긍정적 신호를 보냈으며 CEO

래리 핑크는 이를 "자산의 토큰화 혁명"이라 칭하며 비트코인의 제도권 편입을 공식화했다. 블랙록은 비트코인을 장기 투자 포트폴리오의 핵심 자산으로 편입할 것을 권고해 왔다. 이는 비트코인에 회의적이던 전통 금융권의 인식을 근본적으로 바꾸는 계기가 됐다.

골드만삭스와 모건스탠리 등 전통의 투자 은행들도 비트코인 관련 금융 서비스를 확대하고 있다. 이들은 고액 자산가 및 기관 고객을 대상으로 비트코인 파생 상품 거래, 대출, 자문 서비스를 제공하며 암호 화폐 시장에 본격적으로 뛰어들었다. 보수적 성향의 투자 은행들이 비트코인을 투자 포트폴리오의 한 축으로 인정했다는 것은 비트코인이 더는 단순 투기 자산이 아님을 방증한다.

이처럼 월가의 거물들이 비트코인을 수용하며 과거 위험 자산으로 분류되던 비트코인은 이제 포트폴리오 다각화와 인플레이션 헤지를 위한 필수 자산으로 재평가받고 있다.

스트래티지 역시 기업의 비트코인 채택을 선도하는 대표적 사례다. 2020년부터 비트코인을 기업의 주요 예비 자산으로 채택한 이 회사는 현재 60만 개가 넘는 비트코인을 보유하며 재무 전략의 새로운 지평을 열었다. CEO 마이클 세일러는 비트코인을 통해 달러 약세와 인플레이션 위험을 헤지하며 기업 가치를 보존하는 전략적 도구로 활용하고 있다.

페이팔과 블록 같은 핀테크 기업들 역시 자사 플랫폼 내에서 수억 명의 사용자가 비트코인을 손쉽게 구매·보유·판매할 수 있도록 지원하며 비트코인의 대중화를 이끌고 있다. 페이팔은 2020년부터 암호 화폐 매매 서비스를 도입했으며 블록은 캐시 앱을 통해 비트코인 거래를 지원하고 있다. 이는 비트코인이 전문가의 영역을 넘어 일상적인 금융 활동의 일부로 자리 잡게 하는 촉매제가 되고 있으며 기존 금융 시스템을 보완하는 역할을 수행하고 있다.

이런 글로벌 기업들의 행보는 비트코인이 기업 재무와 실물 경제 활동에 깊숙이 통합되고 있음을 명확히 보여 준다.

전 세계 중앙은행에서부터 금융 인프라가 없는 불모지까지

비트코인의 제도화는 자산 배분 전략에 근본적인 변화를 가져오고 있다. 투자자들은 전통적인 주식, 채권, 부동산 중심의 포트폴리오에 비트코인을 포함하며 위험을 분산하고 수익률을 제고하는 고도화된 전략을 구사하고 있다. 변동성이라는 위험 요인에도 비트코인의 희소성과 장기적 성장 가능성은 거부할 수 없는 매력으로 작용한다. 더 많은 이들의 비트코인을 향한 관심과 믿음은 더 높은 가치로 이어지는 비트코인의 메커니즘이 작동하고 있다.

각국 중앙은행의 통화 정책 또한 새로운 도전에 직면했다. 탈중앙화된 비트코인의 확산은 국가가 독점하던 화폐 발행 및 통제 시스템에 근본적인 질문을 던진다. 이에 대응해 각국 정부와 중앙은행은 CBDC 도입을 서두르고 있다. 이는 법정 화폐의 디지털화를 통해 통화 주권을 유지하려는 시도로, 향후 비트코인과 CBDC가 공존하고 경쟁하는 새로운 통화 질서가 형성될 것임을 예고한다.

신흥국에서는 비트코인이 금융 포용(개인과 기업이 적절한 시기에 적절한 금융 서비스에 접근할 수 있도록 하는 것)의 핵심 도구로 부상하고 있다. 비트코인은 은행 계좌가 없거나 금융 인프라가 낙후된 지역의 수십억 인구에게 국경 없는 송금과 결제를 가능하게 하고 가치를 저장할 수 있는 실질적인 대안 금융 시스템으로 기능하고 있다. 이는 전 세계 금융 불평등 문제를 해결할 잠재적 솔루션으로 주목받고 있다.

비트코인의 제도권 편입은 일시적 유행이 아닌 글로벌 금융 시스템의 구조적 재편을 이끄는 거대한 흐름이다. 월가와 글로벌 기업들의 적극적인 참여는 이런 변화를 가속하는 동력이며 이는 미래 경제 지형에서 비트코인이 핵심적인 역할을 수행할 것임을 시사한다. 자본의 흐름, 통화 정책, 금융 포용성에 이르기까지 비트코인이 미치는 영향력은 날로 확대되고 있다. 비트코인을 둘러싼 기술 발전, 규제 논의, 사회적 합의 형성 과정은 미래 경제의 향방을 가늠하는 중요한 척도가 될 것이다.

디지털 금으로의 부상은 필연이다

비트코인은 역사적인 전환점을 맞이했다. 미국 현물 ETF 승인을 기점으로 제도권 금융에 편입됐으며 가격 또한 사상 최고치를 경신하며 잠재력을 증명했다. 2025년 7월 현재, 비트코인은 디지털 금으로서의 정체성을 공고히 하고 있다. 이런 현상은 미국 달러가 주도해 온 단극 체제에 균열을 내는 지정학적, 경제적 변수로 부상하고 있으며 새로운 글로벌 금융 질서의 첫걸음을 알리고 있다.

지난 수십 년간 세계 경제는 미국 달러라는 단일 기축 통화에 의존했다. 그러나 반복되는 금융 위기, 인플레이션 압력, 그리고 신흥 경제권의 성장은 달러 중심 체제의 견고성에 의문을 제기했다. 이런 변화의 중심에서 비트코인은 중앙은행이나 특정 정부의 통제에서 자유로운 희소성과 탈중앙성을 무기로 새로운 대안적 가치 저장 수단으로 떠올랐다. 이제 비트코인은 일부 투자자의 전유물을 넘어 주요 국가와 글로벌 기업들의 핵심 전략 자산으로 편입되고 있다.

글로벌 경제 체계에 경종을 울린 미국의 비트코인 승인

미국의 비트코인 자산성 승인은 변화의 기폭제로 작용한다. 이는 비트코인이 월가의 공식 자산군으로 인정받았음을 의미하는 상징적 사건이었다. 세계 최대 자산 운용사들이 시장에 진입하며 기관 투자자들의 자금이 대거 유입됐고 이는 비트코인의 가격 안정성과 신뢰도를 높이는 선순환 구조를 만들었다.

기업들의 움직임도 기민했다. 스트래티지는 일찍부터 비트코인을 회사의 핵심 예비 자산으로 채택, 비트코인 가치 상승을 기업 가치와 연동시키는 선구적 모델을 제시했다. 트럼프 미디어(도널드 트럼프 대통령이 설계한 종합 미디어 기업) 역시 재무 전략의 일환으로 비트코인을 포트폴리오에 추가하며 디지털 자산을 활용한 기업 금융의 새로운 패러다임을 열었다.

비트코인의 글로벌 채택은 각국의 경제 상황과 맞물려 상이한 양상으로 전개되고 있다. 비트코인은 인도, 나이지리아, 아르헨티나와 같은 신흥국에서 '생존을 위한 금융 도구'로 자리매김하고 있다. 고질적인 하이퍼인플레이션, 자국 통화 가치의 급락, 불안정한 금융 시스템 속에서 국민들은 비트코인을 통해 자신의 자산을 보호하고 있다. 은행 계좌가 없는 금융 소외 계층에게도 스마트폰만 있으면 접근 가능한 비트코인은 실질적인 금융 포용성을 확대하는 역할을 수행한다.

반면 선진국들은 보다 거시적이고 전략적인 관점에서 비트코인을 활용하고 있다. 국가 차원에서 비트코인을 미래 성장 동력으로 채택한 부탄의 사례는 특히 흥미롭다. 선진국들은 비트코인을 전략적 준비 자산으로 확보하고 있지만 저개발 국가들은 풍부한 친환경 발전을 이용해 비트코인을 채굴하고 적극적으로 매입해 비트코인이 국가의 부를 창출하는 새로운 자원으로 만들고 있다.

달라진 비트코인 달라져야 할 투자 전략

비트코인의 가장 중요한 경제적 역할은 가치 저장 수단으로의 진화다. 전통적 안전 자산인 금과 유사한 속성을 디지털 환경에서 구현했기 때문이다. 우리는 비트코인의 변동성이 나날이 낮아지고 총가치는 높아지는 현실을 매일같이 마주하고 있다. 금이 운송, 보관, 분할에 물리적 제약이 따르는 반면 비트코인이 디지털 네트워크를 통해 즉시 전송하고 안전하게 보관할 수 있다는 점은 디지털 시대에 최적화된 장점이다.

비트코인은 글로벌 금융 시스템의 핵심 변수로 자리 잡았다. 선진국의 제도권 편입과 전략적 채택, 신흥국의 가치 저장 수요가 맞물리며 그 영향력은 계속해서 확대될 것이다.

비트코인의 부상은 새로운 글로벌 금융 아키텍처의 등장을 예고한다. 지정학적 불확실성과 거시 경제의 변동성이 커지는 시대, 특정 국가나 정치 체제에 종속되지 않는 분산된 금융 자산의 매력은 더욱 커질 수밖에 없다. 우리는 단기적인 가격 등락에 매몰되기보다 이런 거대한 구조적 변화의 흐름을 읽는 혜안을 가져야 한다. 비트코인의 본질적 가치를 이해하고 장기적 관점에서 포트폴리오에 편입하는 전략이 필요한 시점이다.

부록

―

스마트한 비트코인 적립식 투자법
비트세이빙

　업루트컴퍼니는 국내 최초로 비트코인을 적립식으로 투자해 주는 설루션 '비트세이빙'을 론칭했으며 2025년 7월 기준, 암호 화폐 거래소를 제외하고 한국에서 가장 많은 유저가 이용하고 있다. 또한 남미 페루와 베트남에 해당 SW를 수출해 글로벌 고객들과의 접점도 늘리고 있다. 그뿐만 아니라 중앙아시아 키르기스스탄에서 소수력 발전, 공급, 잉여 전력을 활용한 친환경 비트코인을 채굴하고 있다. 업루트컴퍼니는 비트코인이 투기에서 투자로, 투자에서 산업으로 넘어가는 과정을 국내외 다양한 환경에서 뜨겁게 경험하는 중이다.

　업루트컴퍼니는 2022년 1월 법인을 설립했지만 회사 내부에서는 2021년부터 비트세이빙을 개발해 왔다. 또한 나는 2017년부터 크립토 씬에 입문해 시장에 우글거리는 사기꾼들을 셀 수 없이 마주했고 볼꼴 못 볼 꼴을 모두 봤다. 그렇게 내린 결론은 간단하다. 절대 실패하지 않는 암호 화폐는 비트코인뿐이고 절대 실패하지 않는 투자법은 적립식 투자라는 것이다.

초보 투자자에게 안성맞춤
네 가지 특허로 인증받은 스마트 저금통

앞서 온체인 데이터를 활용하면 시장의 기회와 과열을 객관적으로 확인할 수 있다고 했다. 업루트컴퍼니에서는 'AI와 온체인 데이터 분석 기반 비트코인 적립식 투자 설루션, 비트세이빙'을 제공하고 있다.

비트세이빙의 핵심은 AI가 온체인 데이터와 다양한 지표를 기반으로 시장 상황을 스스로 판단하는 데 있다. 시장이 과열되면 구매 금액을 줄여 리스크를 관리하고, 반대로 기회 구간이라 판단될 때는 구매 금액을 늘려 일반적인 정액 적립식 투자보다 높은 수익을 추구한다.

특히 국내 거래 규모 Top3 거래소 코인원과 간편 연결 파트너쉽을 체결하기도 했다. 국내에는 젠포트와 비트세이빙이 코인원 간편 연결을 제공하고 있다. 이용자들은 기존의 API 키 생성·입력 단계 없이, 코인원에 가입했고 비트세이빙에 가입했다면 구글 로그인, 카카오 로그인처럼 바로 '간편 연결'해 이용할 수 있다. 이용 방법은 다음과 같다.

1. 비트세이빙(https://bitsaving.kr)에 접속한다.
2. 빗썸, 코인원 거래소 중 하나를 연결한다.
3. 저금할 자산으로 비트코인을 선택한다.
4. 저금 주기로 '특별 물타기'를 선택한다.
5. 스마트 구매를 선택한다.

거래소 연결

연결할 **거래소**를 선택해주세요.

 빗썸

 간편해요!

　비트세이빙의 스마트 저금통(시장이 과열됐을 때는 비트코인을 적게 구매해 주고 시장의 열기가 가라앉았다고 판단될 때는 비트코인을 많이 구매해 주는 시스템)과 물타기(데이터 분석을 통해 시장의 하락 추세가 포착될 때 저금 주기를 조절하는 시스템)을 함께 이용하면 일반적인 방식보다 높은 수익을 낼 수 있다.

　물타기를 이용할 경우 월평균 8회 정도 구매가 이뤄진다. 이는 정액 적립보다 수익률이 유리한 전략으로, 실제로 2024년 4월 23일부터 약 1년간 이 방식으로 투자했다면 일반 정액식보다 약 12%p 더 높은 수익을 낼 수 있었던 것으로 분석된다.

　감정에 휘둘리기 쉬운 초보 투자자일수록 가격 하락 시 더 많이 사고 상승 시 덜 사는 전략이 평균 매입 단가를 낮추고 장기 수익률을 높이는 데 효과적이다. 이 전략의 핵심은 비트코인을 장기적으로 저

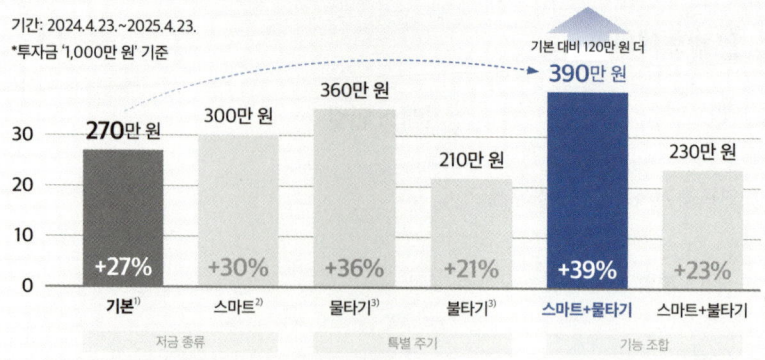

기간	기본	스마트	물타기	불타기	스마트+물타기	스마트+불타기
3개월	+5%	+6%	+3%	+5%	+5%	+6%
6개월	+5%	+6%	+8%	+3%	+9%	+4%
1년	+27%	+30%	+36%	+21%	+39%	+23%
2년	+98%	+120%	출시 전	출시 전	출시 전	출시 전

1) 일정한 금액으로 구매   2) 시장 변화에 따라 구매 금액 자동 조정   3) 시장 추세가 하락/상승할 때 구매

1년 동안 비트코인 적금을 꾸준히 했다면 수익은?

축하듯 사 모으는 것이며 특정 시기 시세에 연연하지 않는 것이다.

이 책을 읽는 독자들을 위해 준비한 작은 선물이 있다. 바로 '비트세이빙 1개월 체험권'이다. 먼저 이 체험권으로 비트세이빙의 스마트 저금통, 물타기 기능 등을 직접 체험해 보길 권한다. 신규 가입을 해도 2개월 체험권을 이용할 수 있고 중복 사용도 가능하다. 다양한 기능을 체험하며 AI와 온체인 데이터를 활용한 적립식 투자의 가치를 느꼈다면 원하는 기간에 맞춰 구독하면 된다.

비트세이빙은 넷플릭스처럼 월 구독료 기반의 서비스다. 이용 기간을 자유롭게 선택할 수 있고 장기 구독 시 추가 할인 혜택도 제공하니 초보 투자자라면 누구나 부담 없이 시작해 볼 수 있다. 적립식 투자는 항상 옳은 투자법이다. 또한 적절한 전략과 함께한다면 수익률은 더욱 빛이 날 것이라 자부한다.

타이밍과 차트에 상관없이 수익을 높이는 비트코인 투자법
나는 오늘도 비트코인을 산다

© 강승구, 최동녘 2025

1판 1쇄 2025년 7월 31일
1판 2쇄 2025년 8월 18일

지은이 강승구 최동녘
펴낸이 유경민 노종한
책임편집 정현석
기획편집 유노북스 이현정 조혜진 권혜지 정현석
기획마케팅 1팀 우현권 이상운 **2팀** 이선영 최예은 전예원 김민선
디자인 남다희 홍진기 허정수
기획관리 차은영
펴낸곳 유노콘텐츠그룹 주식회사
법인등록번호 110111-8138128
주소 서울시 마포구 동교로17안길 51, 유노빌딩 3~5층
전화 02-323-7763 **팩스** 02-323-7764 **이메일** info@uknowbooks.com

ISBN 979-11-7183-123-4 (03320)

- — 책값은 책 뒤표지에 있습니다.
- — 잘못된 책은 구입한 곳에서 환불 또는 교환하실 수 있습니다.
- — 유노북스, 유노라이프, 유노책주, 향기책방은 유노콘텐츠그룹의 출판 브랜드입니다.